# マンションの動的管理

既存マンションの長寿命化と再生への指針

Dynamic Management of Condominiums

## 山本育三

関東学院大学出版会

# まえがき

　わが国でマンションが普及し始めたのは、1965年（昭和40年）代後半である。日本が高度経済成長し、いわゆるパイの再配分が可能になった段階で、当時の池田勇人首相が所得倍増論を掲げ、それまで賃貸住宅が主力であった住宅供給を、持家政策に転換し始めたのに呼応する。集合住宅について言えば、1955年代後半に始まった都市郊外の賃貸アパートメントハウスによる大型団地と1960年代初めに都心部で供給された面開発や数棟からなる分譲集合住宅が、やがて都市郊外の大型団地やニュータウンで専有部分の面積は賃貸並みの分譲集合住宅として大量供給され始めたのである。それから40年強、今では、大都市の都心部、郊外を問わず、新たに供給される住宅のほとんどが持家で、かつ過半は分譲の集合住宅、いわゆるマンションである。なお、マンションの命名は、当初、分譲の集合住宅を賃貸のアパートメントハウスと区別するためにマンションと巷で言われていたのを、2000年に制定された「マンションの管理の適正化の推進に関する法律」（略称：マンション管理適正化法）で定義されたことで、公式用語になったものである。

　筆者のマンションとの出会いは、1974年に新規供給されたマンションを購入、入居し、自治会設立や管理組合理事長として約1000戸の郊外団地型マンションの管理・運営に係った頃からである。当初、同じ家族が管理組合と自治会に所属し、組織として別の顔で互いに相克する状況に疑問を持ち、「管理組合と自治会の二面性」について卒業研究の指導をしながら調査を始めた。続けて管理組合運営についてほとんど情報がないことから、当時の分譲住宅管理組合連合会（略称：分住協）に協力依頼をした結果、筆者の研究室と分住協が共同で傘下の83会員管理組合の管理調査・分析したのが筆者のマンション問題研究のことはじめである。分析結果は、研究室と分住協との知的共有財産とすることとし、分住協の増岡事務局長（当時）は法律系雑誌ジュリストに、筆者らは日本建築学会の論文としてそれぞれ発表すると同時

に、それらを自分達の管理組合運営で直接参考にすることが出来た。

　研究室の卒業研究や修士論文の指導をしながら学生達との共同研究で、当初の約10年は管理組合の基本的な管理運営や建物設備の維持管理についての実態やあり方の研究を続けていた。1990年代に入り、さほど築年数を経ていないマンションで建替えの運動が起きたり、合意できずに運動が挫折したりする実態に疑問を持つ一方、通常の管理運営や維持管理だけでは、時代のニーズや新規供給の住宅水準との乖離が大きくなることに危機感を持つ。その頃から、マンションの「何ごとも区分所有者の合意で初めて管理運営が出来る」という特性を活かし、「マンションの動的管理（Dynamic Management）」を提唱する。積極的な「攻める管理」をすることで、マンションを長寿命化させながら、時代のニーズや居住水準の向上を目指す再生（改善）を提唱してきた。一方で、それまでの研究業績や管理経験を生かして、地元自治体のマンション政策づくりへの参加や地域・自治体単位で管理組合の連合組織づくりを実践し、それらの活動の中でも様々な指針づくりや提言づくりに参加してきた。同時に、その裏づけとなる先駆的な管理組合の調査結果を学会ほかに発表してきた。

　本書は、そのような背景と視点から、筆者の関東学院大学の退職を期に、改めてこれまでの「動的管理」と関連する研究結果や提言をまとめたものである。

　以下、各章ごとに、その概要のほか、◇欄に調査研究や取り組んだ組織・チーム名、共同研究や共同作業に参加した主な人の氏名、発表の機関名、製作・発表年等を列記する。

　　第1章：マンションという居住形体の特徴と所有者の組織・運営、費用、施設管理、コミュニティ形成等の概念的な解説に加え、本書の目的であるマンションのより長寿命化とそのための動的管理の必要性を説く。
　　　　　◇若葉台住宅管理組合協議会設立10周年記念誌（2000年）、20周年記念誌（2010年）「知っておきたいマンションライフ─若葉

台管理ガイドブック─」で筆者執筆の小論を基に、修正、加筆したもの。

第2章：筆者が提唱しているマンションの動的管理について、その背景、マンションストックのあり方、動的管理の概念等を解説する。

　　　◇「マンションの動的管理の指針」（社）建築研究振興協会報告書（1995年5月）、須田松次郎氏（当時建設省建築研究所）との共同執筆。

第3章：ダイナミックな管理・運営を射程に入れた管理規約のあり方とその事例、運営の進め方。

　　　◇若葉台○○住宅管理組合改定規約（2010年大幅改定、2012年部分修正）、同長期修繕計画策定委員会（当時筆者委員長）で標準管理規約、先駆的な規約情報、現行規約と同マンション管理の歴史等を基に策定したもの。

第4章：専有部分について、区分所有者から理事会に申請し許可された模様替え（改善）の事例を5団地管理組合で調査・研究した結果の報告とその特性、模様替えのルール等を解説したもの。

　　　◇関東学院大学卒業研究（2003年度）武山浩司氏、辻裕文氏との共同研究。

第5章：共用部分の改善で、マンションの経年とともにどんな特徴があるか、また、最近の事例に見る課題は何かについて、動向、工事費用の持ち方、合意形成の仕方、広報活動等を解説する。特に耐震化への取り組み方を提言する。

　　　◇前半は、マンション共用部分の一連の研究とその報告から概説する。後半は、若葉台住宅管理組合協議会・若葉台再生プロジェクトチーム・耐震WG（柿沼鉄雄氏委員長、筆者事務局長、（財）若葉台管理センター（現（財）若葉台まちづくりセンター）が事務局、2006年）で作成した「メニュー方式による耐震化」の提言。

第6章：専有部分の増築事例の紹介と研究結果により、増築への取り組み

方、合意の仕方、実施へのプロセスと成功の条件、増築の有無による再分譲価格の差等を解説し、マンションの建替えでない面積増の再生が有効であることを述べる。

◇関東学院大学修士論文（2002年度）新谷典也氏、同卒業論文（2002年度）川崎聡氏との共同研究。

第7章：専有・共用部分間の使用・所有各領域の他に、管理組合による専有部分まで踏み込んだ「共同管理」という新たな管理領域の概念があることを提言し、管理組合の調査によりその実施例を紹介する。

◇関東学院大学卒業研究（1985年度）越智一雄氏、桐木謙次氏、同（1990年度）相馬勝明氏、豊住一氏、同（1991年度）水間賢治氏、山内邦裕氏、関東学院大学修士論文（1994年度）香山邦彦氏、同卒業研究（2004年度）木村敏明氏、後藤好信氏、志賀輝一氏、等との共同研究による。

第8章：マンションの高経年化と居住者の高齢化に際してのバリアフリー化のあり方と将来の高齢者化を射程に入れた取組み事例の紹介。

◇若葉台住宅管理組合協議会「高齢者居住のための施設改善指針」（1994年）、筆者を委員長に若葉台各関係団体による検討委員会で作成し構成各管理組合に指針として提示したもの。後半の階段室椅子式昇降機は、若葉台○○住宅管理組合・長期修繕計画策定委員会（当時筆者委員長）で検討したもの。

第9章：筆者がこれまでマンションの動的管理とともに提唱してきたマンション再生（改善）について、政策提言をすることで国の住宅政策の転換を求め、本著のエピローグとする。

◇拙著「マンションの長寿命化と改善への取組み」（財団法人住宅金融普及協会論文集「住宅・金融フォーラム」創刊号（2006年）掲載論文と、「マンション再生法の提言」NPO全国マンション管理組合連合会・省エネ・再生研究委員会作成（2010年）等を基に、若干修正したもの。

著作に際しては、支援を頂いた関東学院大学工学部工学会、協力を頂いた同学部庶務課に、出版に際して関東学院大学出版会、とりわけ編集に多くの手を煩わせた同出版会の四本陽一氏に、提言や指針づくりに筆者と共同作業をして頂いた方々、筆者の研究室を巣立った共同研究の卒業生達、そして筆者を常に励まし協力をしてくれた妻佳寿子に、改めて深く感謝する次第である。

　2013年6月

山 本 育 三

# 目　　次

まえがき……………………………………………………………… i

第1章　マンション管理とは何か……………………………… 1

 1.1　マンションの特徴と管理の意義……………………………… 1
  (1)　マンションとは……………………………………………… 1
  (2)　マンション管理の意義……………………………………… 2
  (3)　マンションの建築上の特徴………………………………… 2
 1.2　管理組合の組織と運営………………………………………… 4
  (1)　マンション管理の概要……………………………………… 4
  (2)　マンション管理組合の運営………………………………… 4
 1.3　管理費用の概要と役割………………………………………… 6
  (1)　管理費用の概要……………………………………………… 6
  (2)　管理費用の徴収……………………………………………… 6
 1.4　マンションの生活・管理マナーとコミュニティ形成……… 7
  (1)　マンションの生活・管理マナー…………………………… 7
  (2)　共有社会でのコミュニティ形成…………………………… 8
 1.5　マンションの施設管理………………………………………… 9
  (1)　マンション建替えの神話と現実…………………………… 9
  (2)　長寿命化のための様々な技術……………………………… 10
  (3)　保全情報の管理・保管……………………………………… 12
 1.6　マンション管理のこれからの方向性―マンション再生と
   動的管理の提唱………………………………………………… 13

第2章　マンションの動的管理（Dynamic Management）とは…… 15

 2.1　マンションの長寿命化と再生（改善）が必要な背景……… 15

2.2　ストック改善ニーズと改善事例 …………………………………… 16
2.3　動的管理（Dynamic Management）のコンセプトと概要 ………… 17
2.4　動的管理の改善対象とその内容 ……………………………………… 20
2.5　動的管理の認識と合意形成、再生のための法的整備を …………… 21

## 第3章　管理組合の規約とダイナミックな運営 …………………………… 23

3.1　管理規約のあり方 ……………………………………………………… 23
3.2　高経年マンションで団地型規約改正した事例 ……………………… 24
　(1)　マンションの概要 ………………………………………………… 24
　(2)　規約改定への主な視点 …………………………………………… 25
　(3)　規約の主な改定点（抜粋） ……………………………………… 26
3.3　柔軟な管理組合運営 …………………………………………………… 36

## 第4章　専有部分の改善 ……………………………………………………… 37

4.1　区分所有者の改善行為と管理組合の対応 …………………………… 37
　(1)　改善への背景とこれからの傾向 ………………………………… 37
　(2)　専有部分の改善行為に対する管理組合の取り組み方 ………… 38
　(3)　管理組合が現状復帰を命令した事例 …………………………… 39
4.2　調査結果に見る改善事例 ……………………………………………… 40
　(1)　調査目的と項目、調査方法、調査時期 ………………………… 40
　(2)　調査対象と許可条件 ……………………………………………… 41
　(3)　調査結果の概要 …………………………………………………… 42
　(4)　内装・設備等の改善割合 ………………………………………… 43
　(5)　経過年数別改善件数のピーク時の戸数割合 …………………… 44
　(6)　アンケート・ヒアリングによる改善への要因 ………………… 44
　(7)　専有部分の改善行為に見られる傾向 …………………………… 45

## 第5章　共用部分の改善・耐震化 …………………………………………… 47

5.1　マンション居住環境改善の歩み ……………………………………… 47

| | | |
|---|---|---|
| (1) | 団地型公的分譲（供給当時の公団、公社の分譲）での改善 | 47 |
| (2) | 最近の動向 | 49 |
| (3) | 費用負担 | 50 |
| (4) | 広報活動と合意形成 | 50 |

5.2 耐震化への試み …………………………………………………… 50
 (1) なぜ耐震への取り組みが進まないのか …………………… 51
 (2) メニュー方式による取り組みへの提言 …………………… 52
 (3) むすび ……………………………………………………… 54

第6章 専有部分の増築 ……………………………………………… 57

6.1 研究の背景と目的 ………………………………………………… 57
6.2 調査方法と調査管理組合の概要 ………………………………… 58
6.3 調査結果に見る特徴 ……………………………………………… 59
 6.3.1 増築事例の共通事項 ………………………………………… 59
  (1) 団地管理組合としての背景 ………………………………… 59
  (2) 増築に至る背景と過程 ……………………………………… 61
  (3) 管理組合の取り組み ………………………………………… 61
  (4) 総会決議事項 ………………………………………………… 64
  (5) 自治体の対応 ………………………………………………… 65
 6.3.2 増築事例の比較 ……………………………………………… 66
  (1) 増築実施戸数 ………………………………………………… 66
  (2) 棟別住戸数 …………………………………………………… 66
  (3) 売買価格 ……………………………………………………… 68
  (4) その後の転出入 ……………………………………………… 68
  (5) 余剰床の扱い ………………………………………………… 70

6.4 今後の課題 ………………………………………………………… 70
 (1) 法的・政策的取り組み ……………………………………… 70
 (2) 再生の事例調査と啓発活動 ………………………………… 71
 (3) 動的管理（Dynamic Management）の導入 ……………… 71

## 第7章　共用部分と専有部分の管理領域 …………………………………… 73

### 7.1　はじめに―研究への端緒 ………………………………………………… 73
### 7.2　管理領域概念の提言 ……………………………………………………… 75
### 7.3　調査結果からみた管理組合理事会の認識特性 ………………………… 76
#### 7.3.1　調　査　の　概　要 ……………………………………………………… 76
(1)　調査の目的と方法 …………………………………………………… 76
(2)　分　析　の　方　法 …………………………………………………… 78
#### 7.3.2　調査結果にみる特徴 …………………………………………………… 79
(1)　第1期調査でみる公的分譲（均一型）と公的分譲（多様型）
での特徴 ………………………………………………………………… 79
(2)　公的分譲でみる第1期調査と第2期調査の認識の違い ……………… 81
(3)　民間分譲の特徴 ……………………………………………………… 84
### 7.4　調査結果による所有上の共有と修繕費用負担の
　　　関係及び公的、民間の比較 ……………………………………………… 87
(1)　公的分譲のモデル …………………………………………………… 87
(2)　民間分譲のモデル …………………………………………………… 89
### 7.5　ま　と　め ………………………………………………………………… 89

## 第8章　居住者の高齢化と施設のバリアフリー化 ………………………… 91

### 8.1　高経年マンションの特徴 ………………………………………………… 91
### 8.2　部分的バリアフリー化への試み ………………………………………… 92
(1)　取り組みの概要 ……………………………………………………… 92
(2)　人口構成の特徴―若葉台と全国の5歳年齢区分別
人口ピラミッド（図8.1）……………………………………………… 93
(3)　高齢者の身体機能とバリアフリー化対応のレベル設定 …………… 93
(4)　典型的な住戸を対象とした共用部分、専有部分の
改善事項（図8.2）……………………………………………………… 95
(5)　実現のための道程、手法等（表8.2）……………………………… 96
### 8.3　車椅子を対象とする取り組み …………………………………………… 98
(1)　エレベーター停止階の玄関前階段用の簡易スロープ設置 ………… 98

(2) 中層階段室型マンションのその後の取り組み……………………… 98

# 第9章　「住宅政策」の転換と「既存マンションの長寿命化と再生」政策への提言
　　　　　―「マンションストックの再生法」制定を―………… 103

## 9.1　まえがき……………………………………………………………… 103
## 9.2　これまでの住宅政策におけるマンション施策の位置づけ………… 103
## 9.3　住宅政策転換の方向性とマンション政策の基本的指針…………… 104
## 9.4　省エネ・再生を射程に入れた「マンションストックの長期使用促進・再生法」の基本要件……………………………… 105
　(1) 部分的バリアフリー再生………………………………………… 105
　(2) 耐震性向上のためのメニュー方式による段階的補強………… 106
　(3) 省エネのための様々な再生策…………………………………… 107
　(4) 専有部分の模様替え、増築等による再生……………………… 107
　(5) 利用目的の変換（コンバージョン）や減築…………………… 108
　(6) 管理運営上の再生………………………………………………… 108
## 9.5　現行法との整合性…………………………………………………… 109
　(1) 区分所有法………………………………………………………… 109
　(2) 建替え円滑化法…………………………………………………… 109
　(3) 長期優良住宅促進法……………………………………………… 109
　(4) マンション管理適正化法………………………………………… 110
　(5) 既存関連法の弾力的運用や遡及適用免除……………………… 110
## 9.6　まとめ………………………………………………………………… 110

# 第1章　マンション管理とは何か

## 1.1　マンションの特徴と管理の意義

### (1)　マンションとは

　「マンション」という用語がわが国で一般に使われ始めたのは、概ね30年前頃からであり、その頃の正式用語は「分譲共同住宅」または、「分譲集合住宅」であった。1991年、日本マンション学会が創立された時、学会の名称をどうするかで議論し今の名称に落着いたが、その後、2000年に制定された「マンション管理適正化法」（略称）で、「2以上の区分所有者の存する建物[注1)]で人の居住の用に供する専有部分のあるもの並びにその付属物」と定義した。その意味では、今は「巷に定着した」感がある。1960年代半ばから都市型居住形態として供給され始め、これまで何度かのマンションブームを経て今日に至っている。過去には、不況の中でも一定の条件さえ満たされれば、マンションの売れ行きは好調で、年間供給数20万戸台を持続してきたが、さすがに最近は経済成長の鈍化や供給過剰もあり、年間10万戸前後になっている。それでも、ストック（既存マンション）数は今日600万戸弱の状態（2012年末）である。この数字は、毎年の新着工住宅を対象とする経年統計の累計で、この場合のマンションとは「分譲を目的とした共同住宅」であり、これが全て売買されたとしての数字である。

　供給には多様な方式があり、多くは都市型居住を目的とした「ファミリー型マンション」で、都心部での数十戸による1棟型と、概ね100戸以上の複数棟による団地型マンションが典型だが、最近では都心部に1棟で数百戸からなる超高層マンションも出現している。また、中には投機型の「ワンルームマンション」があったり、売れないまま分譲主が賃貸に切り替える場合もある。

(2) マンション管理の意義

　マンションを最も特徴づけるものは、「区分所有」と「住戸の集合化」による「共有・集住」であり、その結果、何事も区分所有者の「合意形成（＝意思統一）」が基本になる。そのため、1962年に区分所有法が制定され、区分所有者全員で組織（管理組合）を構成し、集会の合意によって、管理規約とそれに基づく各種細則を取り決めて、マンションの主として共有部分（これを法律用語では共用部分という）を管理することが義務付けられている。しかし、入居者は、分譲初期はともかく、経年と共に、転出入、経済条件や生活スタイル、考え方等々の違いから、ライフスタイルも多様になる。そうした人達が共通の課題を実行するために合意を前提にする訳だから、大変厄介な居住形態である。

　区分所有法は、1983年に抜本的に、その後も2000年、2002年に改正され、多数決原理が導入されたことから、管理組合にとって管理しやすい条件が整備されたが、それでも多数の区分所有者の合意によってのみ重要な事項が取り決められるという条件は変わらない。しかも、民法上は私有財産の対象であり、基本的には所有物の管理は自己責任下にある。建替えが難しいのはそんな特性の下にあるからである。私有財産とはいえ多数の区分所有者が共同でマンションを管理することが義務付けられていることを、まず認識しておかなければならない。

(3) マンションの建築上の特徴

　① 専有部分と共用部分の定義
　これには三つの説がある。
　その一つが「構造体心々区分説」で、例えば、隣戸との境のコンクリート壁や上下階のコンクリートスラブ（コンクリート床）の中心で隣接住戸同士の専有部分を区分する考え方である。この方式での共用部分とは屋根や基礎、外壁のような外側の構造部分と階段や廊下などの共同使用部分だけになる。

二つ目が「構造体表面（構造上必要な鉄筋コンクリートの柱・梁・壁・床板等の表面）説」で、上記の共同使用する場所と、構造体としての例えばコンクリート部分は全て共用部分に属し、構造体の表面から中側の仕上げ下地、仕上げ材などを専有部分とする考え方である。最近は、この考え方が一般化している。専有部分のリニューアル（模様替え）に際して、構造体にピンを打ったり穴を開けたりすることが禁止されていたり、一定の条件下のみで許可されたりするのは、この方式によるからである。

三つ目が「仕上げ面（表面仕上げ材）説」であり、前説とは逆に、専有の生活空間に直接面した天井、壁、床などの仕上げ材料とそれに囲まれた内側空間のみが専有部分であり、全ての構造体はもとより、仕上げ材の下地まで共用部分という考え方である。（第7章参照）

② 共用部分の専用使用

バルコニーや住棟によっては玄関前にある門扉の内側がその対象である。日常の使用と管理は当該区分所有者の責任下にあるが、一定のルールが課せられており、大規模修繕工事などは共通で行われる部分である。勝手な改造や恒久的な設置物が禁止されているのは共用部分だからである。

③ 工事費用から見た専有部分の金額割合

土地や建物について、登記上は当該管理組合構成員の戸数按分比[注2)]や専有部分面積按分比[注3)]で個々の持分比率が示されているが、実は、専有部分に要した工事費はその対象が下地を含む仕上げ工事、作り付け家具、キッチンセット・衛生陶器とその配管などで、それらは全価格の1/4〜1/3程度しかない。敷地、躯体、屋根、基礎、玄関ホール、エレベーター、階段、開放廊下、バルコニー、集会室、共用配管・配線等々、大多数は、共用部分に属している。マンションの管理組合による共同管理が主体になる所以でもある。

## 1.2 管理組合の組織と運営

### (1) マンション管理の概要

　マンションの管理では、多数の区分所有者が居ること、その人達が集合住宅として住んでいることにより、戸建て住宅とは異なる様々な取り決めと管理のための諸条件が必要になる。
　管理項目だけ上げても下記のようになる。
　① 事務管理（管理費・積立金などの出納会計、工事契約、管理組合運営、対外折衝）
　② 清掃（日常清掃、大掃除、共用地の除草など）
　③ 施設・設備の維持管理（保守点検、日常修繕、建物・設備の老朽診断、長期修繕計画、大規模修繕、造園管理、共用部分の改善、専有部分の変更に対する手立て）
　④ 生活管理（共同生活の秩序維持、各種トラブル防止、コミュニティ形成）

　しかもマンションの殆どが、これらの内、専門的な日常の管理行為の多くを管理会社に委託している。すなわち、①事務管理業務の中の、管理人派遣業務、出納会計業務、②日常清掃業務、③建物・設備保守点検業務などである。その他、個々に発注するが、年間を通じて半ば定期的に行われる樹木剪定などの共益作業がこれに加わる。
　さらに、上記の施設・設備管理の内、建物・設備の診断や、長期修繕計画の立案、見直し、大規模改修工事など、主として共用部分の経年劣化に対する対策が、何年かの周期でかなりのエネルギーを投入して行われる。

### (2) マンション管理組合の運営

　マンションの区分所有者は、年1回以上の集会を開き、一定の合意のもと、当該マンションの保全管理を行うよう区分所有法で定められている。そ

のために、区分所有者全員で管理組合を結成し、管理規約と、建物の改造・修繕等の協定や共同生活の秩序維持協定、集会所使用細則やその他必要な事項を定めている。その管理規約に基づいて通常、総会を年1回開催し、管理費、修繕積立金、修繕計画、その他、管理に必要な諸条件を議決するようになっている。また、それら総会にかける議案書の作成を初め、総会で付託された管理運営上の諸事項を推進するために、管理組合構成員の中から選出された役員によって理事会を構成する方式が一般に定着している。

しかし、多くの管理組合で、総会の出席率が低い、役員の成り手が無く持ち回り当番制で役員が決まる場合が多い。したがって、役員は管理の事を殆ど何も知らず委託管理会社に任せ切りになる、という状況になりやすいのである。逆に、やり手の役員が出てきた年には、一気に長期修繕計画積立金の大幅な値上げ案が提案され、管理会社との委託事項の見直しがされる一方、組合員、居住者に対する生活管理上の諸規定を急に厳しくしたりして、マンション管理の基本が大きく前進する一方で、時には組合員との軋轢を生むこともある。

理事会は、施設上の不具合に纏わる分譲主と区分所有者間との、或いは管理組合と管理会社間の管理委託内容に関するチェック、管理費用の管理と滞納問題、専有部分と共用部分の解釈に纏わる管理組合と区分所有者との紛争、上階の水漏れ、騒音、ペット問題に代表される居住者同士の生活上のトラブルなど、区分所有故の或いは集住により起る様々な問題に対応することが余儀なくされる。

マンションでとかくトラブルが起こるのは、一つは、区分所有者の多くが財産管理を共同で行うことの認識と、集住していることの住生活モラルの欠如に起因する場合が多いと考えられる。そのような状況下では、役員選出の仕方・受け方、理事会運営、居住者対応など、的確な仕組みと進め方がなされていない場合が多く、役員の継続性、理事会運営の蓄積が乏しくなりがちである。もっとも、このような諸問題が必ずしも全てのマンションで起っている訳ではなく、それらの諸問題を克服して、日常の管理運営を軌道に乗せ、さらに長期的視点に立った計画を整備している管理組合もある。また、

委託管理会社としての協力、建築技術や法律面での専門家の活用など、マンション管理のための様々な工夫がなされている管理会社もある。

## 1.3 管理費用の概要と役割

(1) 管理費用の概要

　マンションの管理費用は、マンション管理標準規約によれば、①「管理費」と②「修繕積立金」という二つの区分がある。
　① 「管理費」は日常管理に必要な費用として、公共・公益費、管理委託費、各種消耗品費、小修理費、公租公課などのほか、居住者間のコミュニティ形成のための費用や、総会や理事会運営、後方活動等、管理組合を運営するための「運営費」などが対象である。
　② 「修繕積立金」は、後述する、主として大規模改修のための積立金がこれに該当する。特に、この部分は、総会の議決を経て初めて支出が可能であり、また、日常の管理費が不足した時にそちらに回すことのないよう、別枠で積み立てておく必要がある費用である。

(2) 管理費用の徴収

　上記の諸費用は、総会の議決によってその額が決められ、各区分所有者は、その納付が義務付けられている。多くの場合は、滞ることなく管理組合として徴収出来るよう、指定銀行を通じて自動引き落とし契約がなされている。但し、中には徴収出来ないことがあり、特に、長期滞納者が生ずると、管理組合の運営・管理、修繕計画などに支障を来すことになる。理事会は、その様な事態が起こらないように、委託管理会社の協力の上で出来るだけ早く措置する様々な手を打つ必要がある。

## 1.4 マンションの生活・管理マナーと コミュニティ形成

### (1) マンションの生活・管理マナー

　マンションに限らず集合住宅では、異なるライフスタイルを持つ人が多数、共に生活しているのだから、互いに何等かの摩擦や軋轢が起こっても不思議ではない。そのために、最小限のルール作りと生活上の共同管理が必要となる。マンションの場合は、これにマンション管理上の諸条件が加味される。管理組合、特に理事会で生活管理が管理業務の一つに位置付けされている所以である。したがって、「生活管理」は必ずしも生活者を「管理」するものではなく、あくまでマンションライフ上、或いはマンション管理上のコモンセンス（常識）としての最小限のルールを取り決めたものである。管理組合構成員（以下組合員という）としての総合的な各種権利と義務の中の一つと考えるべきであろう。その意味で、はじめに組合員の権利・義務を整理しておく。

　具体的には、管理組合規約の中の（組合の目的）条項で、「組合員は当該住宅の共用部分の維持管理その他共同生活の秩序を維持し、良好な住環境の向上を確保することを目的とする。」とし、その目的に沿って、組合員としての権利と義務が幾つか関連条項で謳われている。例えば、区分所有者としての資格喪失時、継承時、長期不在・賃貸時の届出義務、管理費等の納入義務、議決権の行使、総会成立への協力・出席、共用部分の使用時の共同の利益に反する行為の禁止、共用部分の損傷復帰義務、共同生活の秩序維持協定、住宅等の改造・模様替え・修繕協定、などの他、注意事項の遵守、上記各項目に著しく乱す行為があった場合の、理事長による「共同生活の秩序保全に関する勧告」などがある。特に、共同生活の秩序維持協定、住宅等の改造・模様替え・修繕協定については、別途細則としての「協定」を総会議決で成立させている。したがって、ここでは、マンションの場合、「マンショ

ン生活・管理マナー」として認識しておくべきであろう。

(2) 共有社会でのコミュニティ形成

「生活・管理マナー」を遵守し、かつ、その上で、さらに、マンションという共有社会でのコミュニティ形成の重要性について触れておく。

マンションの管理では、何事によらず組合員の合意形成が前提になることをすでに記述している。合意形成は、何か事が起こった時のみ、合意が必要だからといって急に求められてもなかなか成立できるものではない。阪神・淡路大震災の後、再建、復旧、修繕などに直面した多くのマンションで、比較的早期に合意が成立したマンションと、合意が成立せず、中には10年に亘って裁判で係争したものもある。合意成立しやすかったマンションでは、震災以前からの日常のコミュニティ形成が旨く成立していたことによる場合が多いという結果が出ている。もちろん、平常時ではマンション建替えのようにもともと合意しにくい事柄もあるが、阪神・淡路大震災の事例は、日頃のコミュニティ形成が如何に大事かを如実に物語っているといえる。

マンション管理組合はハードの施設維持が仕事であって、ソフトの共同生活関連の行事は自治会の仕事だとしている理事会がよくあるが、「コミュニティ形成」という「仕事」は、必ずしもその様に単純に仕分け出来ることではない。もちろん自治会活動が活発で、管理組合とある種の住み分けと協同が成立している場合は、それ自体は歓迎すべきことであるが、ハードの管理業務を円滑に運営するためには、管理組合理事会は積極的にコミュニティ形成に努力すること、自治会とのパートナー・シップによってそれをより確かなものにしておくことが肝要である。例えば、避難訓練や、緑地の草取り行事などの協同取り組み、そしてより多くの参加者を得る努力は、管理組合、自治会の協同作業と心すべきことなのである。

## 1.5 マンションの施設管理

### (1) マンション建替えの神話と現実

　阪神淡路大震災による破壊後の建替えを除けば、これまで建替えを実行したマンションは、全国で100程度が現実である。しかもその殆どが築後20年から30年であったため、構造体が鉄筋コンクリートであっても、あたかもその程度の寿命でしかないという神話が出来上がってしまった。そもそも日本では、住宅を仮の住まいとする意識が根強く、しかも戦後建設された庶民の木造住宅は、ローコスト、狭小面積のものが多かったこと、耐火構造の商業建築も、高度成長の中で経済効用的寿命が比較的短かったことなどから、一部の記念的建築を除いて建物一般に短命であるという現実があったことは否めない。しかし、ことマンションに限れば、先に上げた建替え成功例は、全てが何等かの割合で余剰床（現在の延床面積[注4]が容積率[注5]による最大面積より低く、まだ容積率に余りがある）を売るか、余剰床に該当する敷地の一部を割譲して得た代金で建替え費用ほかの全てか相当部分を賄うことで、建替えを成立させたというのが実態であり、それらの中で、区分所有法の建替え決議[注6]による法定建替えはわずかであり、多くは全員合意の任意建替えによるものであった。阪神淡路大震災による大破マンションの中の、法定建替え決議のなされた事例で、反対派による訴訟に対し最高裁で建替え決議が有効との結果により和解したものがあるが、地裁から最高裁まで10年の年月がかかっている。

　一方、居住者の中には、鉄筋コンクリートの表面上の硬さから、ヨーロッパで数百年経過している石造建築と同様に、何もしなくても半永久的に長持ちすると考える人も少なくない。確かにコンクリート自体は、年数経過と共に硬化するが、一方では鉄筋との合成体であること、コンクリートの中性化に伴う酸性雨による鉄筋の錆化とそのためコンクリート破壊が起きやすい状況があることから、躯体補修と表面のコート整備（雨水等の浸入を防ぐ手だ

てを講ずる）を怠ると、木造より短命の危険があることも事実である。何億年単位で形成された石を素材とする建築と同じにはならない。

マンションは短命であるという決め付けも、永久であるという希望的観測も、いずれも神話である。視点を変えて、建築資材が有限であること、$CO_2$排出規制の問題、これからは廃材の始末が建替え費用の中に占める比率が大きくなること、良好な住環境保全等々、地球環境問題も総論としてだけでなく、各論の中で考慮しなければならない時代に入ってきている。

いずれにしろ、先に述べた通り、マンションが建替え合意しにくい物件であること、出来るだけ延命（長寿命化）のための工夫が必要であることがマンション管理の基本なのである。

### (2) 長寿命化のための様々な技術

#### ① 長期修繕計画の立て方・見方・使い方

施設のハードな面での維持保全技術や診断技術、大規模改修技術は、公共建築や商業建築、賃貸集合住宅などとマンションとで、基本的にさほど大きな違いはない。歴史的には、当初賃貸集合住宅での保全技術の蓄積がマンションに適用されたといっても良い。ただ、大きく異なるのは、マンションが区分所有され、多くのオーナーがいることから、ハードな技術行為を実行するためにも、その人達の合意と費用を皆から徴収する必要があることである。

その結果、多額の費用を要するような大規模修繕工事も射程に入れ、20年から30年程度を目安に、建築や設備、外構の各部位毎に修繕工事の必要な周期と工事費を予め概算し、それらを累積して、これを戸数や専有面積比で按分し、各戸の月額徴収金を決め、修繕費用に備えようとしたものが、長期修繕計画であり、各戸徴収積立金である。それでも、30年前の頃は、長期修繕計画そのものが曖昧であり、したがって徴収積立金も極めて僅かで、外壁修繕工事の実施の際に一時金を徴収することが一般的であった。今でも、調査をすると古いマンションではその様な状況が散見される。むしろ、予め工事費を十分賄えるような徴収積立をしているマンションは、当時僅かであっ

た。その後、マンション管理の研究者や専門家などが実態調査や幾つかの試みを基に啓発したり、住宅金融公庫（旧名、現住宅金融支援機構）を初め関連諸団体が誘導することによって、やっと長期修繕計画と徴収積立金の概念が普及してきたのである。

　しかし、それらの使用が必ずしも正確とはいえない部分が多々ある。例えば、マンションの管理組合が主体的な管理をせずに管理会社に任せ切りの場合に、管理会社が長期修繕計画表の大規模修繕予定期に来たからといって直ちに工事実施計画を住民に提示し、対象施設の劣化如何に関わらず工事を実施してしまう「早期過剰修繕」や、逆にその時期が来ても、管理組合から打診がないからといって全く手をつけずに20年以上も建物保全が放置される「遅延未修繕」などがしばしば見られる。さらに、未だに区分所有者の合意形成がままならず、徴収積立金の値上げがされないまま、少ない積立金の範囲内でお茶を濁すような「外壁表面化粧直し」程度の工事しかやっていないものもあれば、修繕時に多額の一時徴収金を取ればよいとする管理組合理事会があったりする。前者では、大規模修繕時に長寿命化を目的とした躯体補修・強化の認識がなく、後者では、日々劣化した状態をそこで生活してきた人達が責任を持って復元するという概念に乏しいのである。先の早期過剰修繕を含め、それらはいずれも誤りで、長期修繕計画や徴収積立金の持つ意味が認識されていないことに由来するのである。

　本来は、長期修繕計画の主要な修繕期、特に大規模外壁修繕などの時期には、建物診断を行い、劣化状態、適した修繕工事実施時期、修繕内容、特に躯体劣化の概要を把握することが肝要である。その結果、工事を2〜3年先に延ばせるのであれば、その間に、費用の過不足チェックと徴収積立金の見直し、工事期に同時に可能な施設改善の検討などを済ませておくべきである。

② 建物診断の必要性
　ところで、マンションと他の商業施設などの診断とは、若干異なるところがある。劣化状態を診断する行為そのものは同じであるが、マンションで

は、施設の特徴としてバルコニーや庇、開放廊下、階段室、外壁の出入りなど、多くの場合、込み入った外観を呈していて、遠方からの目視や機械診断だけでは妥当性を欠くきらいがある。バルコニーや廊下、時には専有部分の側からの直接外壁たたきや足場を架けた際の念入りなチェックが必要である。さらに、各居住者に対してアンケートなどにより、雨漏りや腐食状態を調べ、個々の状況を把握する必要がある。これらは事前の診断に全てを求めるのではなく、修繕工事実施時に合わせて行う場合が多いのである。

③ 大規模改修工事のもつ意味

大規模な外壁修繕工事では、特に長寿命化のための躯体強化が重要である。劣化は表面の仕上げだけでなく、コンクリートのクラックによる雨の侵入、鉄筋の錆、かぶり部分の亀裂などの進行している可能性が高く、初期性能にも原因の一つがある場合があるが、その補償は別にマンション供給者と折衝するとして、とにかく躯体の劣化補修、状況によってはさらに強化するなどの「改修」が最も重要な視点である。その結果、最近では「大規模修繕工事」といわずに「大規模改修工事」というようにさえなって来ている。

一方、国を初め、自治体の中には、マンションの建替え施策だけでなく、長寿命化のための情報提供、住宅金融支援機構（旧住宅金融公庫）による低利貸付けなどを手掛け始めたのも、最近の特筆すべきことである。これは、マンションが都市型居住の典型として一般化してきたこと、これが高経年化して老朽化すると、私有財産とはいえ行政としても手をつけざるを得ないこと、一方で建替えが容易ならざることも次第に認識されてきたこと、などによるものと考えられる。しかし、それらの施策は、新築や建替えに対する支援策に比べれば、まだまだであり、住宅政策の転換までに至っていないのも事実である。地球環境保全、特に$CO_2$排出削減のためには、住宅政策としてもこれからの大きな課題である。

(3) **保全情報の管理・保管**

長期修繕計画に対するチェックや診断、各種修繕工事などについて、その

基になる図面、仕様書はもとより、各種決定事項、工事記録などを資料として保管しておくことが理事会業務の一つとして極めて大事である。同時に委託管理会社でもその写しを管理組合毎に保管しておく必要がある。ただし、管理会社は理事会業務の全てに関与している訳ではないから、やはり理事会の主要業務の一つと考えるべきである。管理組合によっては、整理の得意な理事がいる時だけファイルされていて、それ以外の年は全くファイルがない理事会記録簿が時たま見られるが、これでは長期計画と工事暦チェックが出来ない。理事は、資料の私物化をせずに、管理組合として必ず保全情報を管理・保管しておくことが肝要である。

## 1.6 マンション管理のこれからの方向性
　　　—マンション再生と動的管理の提唱

　既存マンション（ストック）の経年劣化を防ぐために、定期点検、修繕、設備更新などによる維持管理を手掛け、特に大規模改修工事によって初期性能の復元に近付ける手立ては、かなり体系だって来ており、全てとはいかないまでも、一般に定着してきた。また、巷の価値観としてストック保全意識が強くなれば、その技術をさらに向上させ、より長寿命化を可能にする動きが出て来るであろう。築後20年、30年で建替え論議にならず、器を長く使おうということになる。しかし、今度は、ストックが数十年、百年の長さになってくると、器の中で住生活が営まれている以上、ただ長寿命化すれば良いということにはならない。当然、その時代の要請にある程度応えられなければならないことになる。生活上の様々なニーズが出てくるだろうし、管理の仕組み自体も変化する必要が起こってくるであろう。長寿命化とともに様々な改善・改良、さらに建物の水準向上などが求められ、それらをある程度実現しなければならない。

　これらを総称してマンションの「再生」と定義する。つまり、建替えに至らない管理の範囲でマンションを甦らせる概念である。地球環境問題にも応

えることになる。その時々の生活に追いつくよう、器の整備が求められる。そのような管理手法を、筆者は、「動的管理（Dynamic Management）」と位置付け、その具体的な手法をかねがね提唱しているところである。次章以降、本著にある提案や調査分析結果の報告等は、そのような視点からのものである。

最後にわが国のこれまでの価値観「スクラップ＆ビルド」からの脱却が、合意を前提とするマンションではせざるを得ず、かえってそのことで、まさにマンションこそがストックの長寿命化、再生の旗手になり得るのである。かつ、そのための試行がマンション管理で始まろうとしていることを強調しておきたい。（本章は、若葉台住宅管理組合協議会編「知っておきたいマンションライフ―若葉台管理ガイドブック―」（2000年、―解説と方向性―拙著）の一部加筆・修正による）

注
1) 「建物の区分所有等に関する法律」で定められた建物で、「……1棟の建物を2つ以上の部分に区分して、その各部分がそれぞれ別個の所有権の対象となる建物」（『マンション学事典』、日本マンション学会編、p.359「不動産登記上の区分建物の基本概念」相馬計二著）
2) 構成する戸数を基準として共用部分の持分を割り振ること。
3) 専有部分の面積を基準にして、それに比例した割合で共用部分の持分を割り振ること。
4) 各階の床面積の総計。
5) 延べ床面が敷地面積の何倍まで許容できるかを定めた法定比率。
6) 区分所有法第62条により区分所有者数および議決権数の4/5以上の賛成を得て建替えが決められるほか、第72条では団地型マンションで団地総会での上記決議とともに、各棟ごとに2/3以上の賛成で団地一括建替えができる。

# 第2章 マンションの動的管理
## 　　　　（Dynamic Management）とは

## 2.1 マンションの長寿命化と再生（改善）が必要な背景

　わが国では、戦後60年間に住宅供給の仕方は、借家型から持家型に移行し、中でも概ね最近の20年間に3大都市圏では新規供給住宅の過半数がマンションで占められるようになった。その結果、マンションストックが2012年末現在全国で590万戸を超えており、しかもこれから益々増加の一途を辿りそうである。それらマンションストックの多くがこれからは長寿命化と同時にその時代の住生活条件に見合う改善による再生が求められる。その背景は、以下に集約される。
　① かつてあった「住宅すごろく」に見られた「庭付き戸建住宅への願望」が少なくなり、マンションに対する価値観が「仮の住まいから終の棲家へ」変化したこと〈文1〉。この現象は、初期のマンション供給時に見られた集合住宅が狭小面積であったのに対して、最近の供給は一定の居住面積と設備の水準向上によることと、庭付き戸建住宅が郊外の利便性の悪い地区にあるのに対し、マンションが都市部にあって利便性の良い都市型居住の典型であること、一方では、郊外の高経年、狭小面積マンションストックの居住者が高年齢化して子供達も巣立ちし、最早転居する必要性を持たなくなったなどの要因が考えられる。
　② マンションでは何ごとによらず、区分所有者の合意が必要であり、よほどの外的条件、例えば大地震による崩壊、高い地価と多くの余剰床があること等が無い限り、建替えが実質的に極めて難しいこと。
　③ スクラップ＆ビルドから脱却し、地球環境保全への配慮が必要なこ

と。特に新築や建替えに伴う $CO_2$ 排出がストックを長寿命化することで大幅に削減できること。
④ 今や住宅ストック数が世帯数を上回る現在、マンションについても、ストックの空き家が出始めていること。
⑤ 新たに供給されるマンションの水準との格差是正のためにストックの水準向上が求められ、フローとストック間での流通上の連繋が政策的にも必要なこと〈文2〉から、ストックの不動産価値の低下防止を図らなければならないこと。
⑥ 上記の様々な要因の上で、ライフステージや住要求の変化に伴い、使用価値上からも設備を初め住宅改善が盛んになること。
⑦ 維持保全技術自体の向上により、大規模改修時に当初の仕様に無かった水準向上が図られること。

等々である。

## 2.2 ストック改善ニーズと改善事例

マンションストックの長寿命化や改善への動きには様々なニーズとその実現のための管理組合による努力が見られる。これまで長年に亘って筆者が主宰していた研究室の調査結果から以下にそれらの幾つかを紹介しておく。
① 大規模改修時ごとに改正される長期修繕計画とそれに基づく徴収積立金改正による総計50年以上の長寿命化計画。
② 居住者年齢の変化に対応して、管理開始10年以内に起こる子供の成長に伴う自転車やオートバイ置き場の新増設、20〜30年経過に伴い居住者の高齢化対応として行う部分的バリアフリー化。
③ 社会的変化に伴う郊外団地型マンションでの駐車場新増設、衛星放送に代表される情報通信システムの変化に対応した受信共用設備等の整備。
④ 流行や水準向上の対象として見られる居住部分の木造床へのリニュー

アル、浴室のバスユニット化、暖冷房設備・給湯設備の設置・改善、電気容量の増設等々。
⑤ 若干の余剰床を有する郊外団地型マンションで1990年代前半に行われた専有部分の増築（第6章で詳細に解説する）。
⑥ 入居後10年前後から急激に始まる専有部分の模様替え。しかも調査によれば、専有部分の模様替えの盛んなマンションほど、管理組合として共用部分で様々な対応をしている。例えば、各戸で契約電気量増設がし易いように予め共用電気容量を増設したり、木造床への改善のための条件整備をしておく（第4章で詳細に解説する）。
⑦ さらに最近では、省エネルギーのために、外壁の外断熱化や窓の二重ガラス化等、一部国の補助金を得て再生工事を進める例も出始めた。

## 2.3 動的管理（Dynamic Management）のコンセプトと概要

　筆者は20年前から動的管理の必要性を提唱しているが、そのコンセプトは、**図2.1**に示すとおりである〈文3〉。
　ここでいう水準向上のための基本的なスタンスは、管理の原点を管理開始時に置くのではなく、時間の経過とともに管理の原点自体を4次元的に移動させ、その時代のニーズや社会的変化に合わせて新たな管理の原点を設定すべきというものである。物理学に、「動的物理」（Dynamic Physics）という分野がある。簡単にいうと、月の裏側や惑星を探索するロケットが地球を脱出し、探査後再び地球に帰還する時には、地球自体が発射時とは異なる宇宙空間に移動しており（今はリモート・コントロールできるが）、元の場所にはすでに居ないので、宇宙の迷子にならないためのロケット軌道の計算手法がこれにあたる。（**図2.2参照**）
　マンション管理も何十年という経過年数に伴い、社会的な変化や時代のニーズに合わせて柔軟に考えるべきとの視点による。具体的には、以下の諸点

18　第2章　マンションの動的管理（Dynamic Management）とは

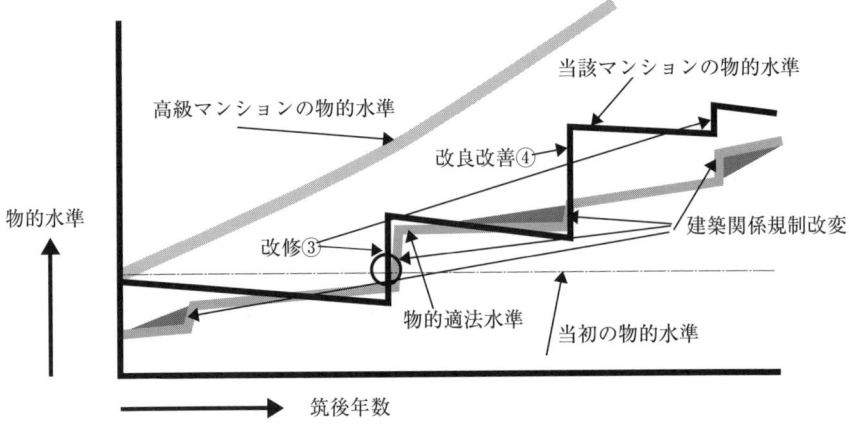

**マンションの物的水準の変遷過程**
①分譲当初、相対的な高級マンション
②経年劣化、法改正、制度改正等により当該マンションが既存不適格建築物となる
③既存不適格解消のために改修、既存の最低用件を確保←当初の水準では既存不適格建築
④区分所有者の要求、社会のマンションの質的水準を考慮して改良・改修→中位資産価値となる
⑤現在やや低位の資産価値を保つ

　　　図2.1　マンションの質的管理水準の変遷と動的管理のコンセプト

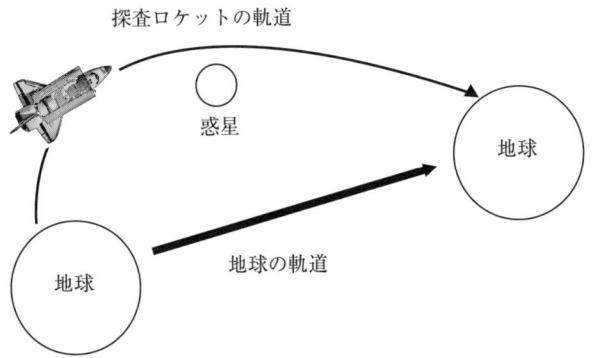

　　　図2.2　動的物理学の地球と惑星探査ロケットの軌道の
　　　　　　 コンセプト

## 2.3 動的管理（Dynamic Management）のコンセプトと概要

がその主要な項目である。

① 管理開始時の管理規約や規定を時代の変化に沿って出来るだけ流動的に改正しておく。その上で、規約の流動的な運用を図る。

② マンションの長寿命化が可能になるよう、改善事例でも前述したように、長寿命化を射程に入れた長期修繕計画と大規模改修工事の実施計画を立て、これを着実に実施する。

③ 節目となる主要な工事周期ごとに施設・設備の向上を図り、出来るだけその時点の新規供給マンションの水準に近づけることで、単なる経年劣化の復元に止まらず、そのマンションの供給時を上回る水準にしておく。

④ そのために修繕積立金にある程度の余剰積み立てをしておく。筆者らの調査によれば、これまで共用部分の改善に要した費用は、全改修工事額のほぼ15〜20%程度である程度の改善が可能である（第5章で詳細に解説する）。この程度の余剰金は、ぎりぎりの長期修繕計画でない限りこれまで積極的な管理をしている管理組合ですでに実施されている。

⑤ ただし、例えば耐震補強工事や、外断熱工事に見られるような、かなりの工事額が予想される特定の目的のためには、特別修繕積立て方式も射程に入れておくことが必要である。

⑥ さらに、動的管理の視点では、これまで管理組合による管理の対象が主として共用部分に置かれていたのに対し、ある程度専有部分まで踏み込んだ共同管理が必要である。これも筆者が20年来主張しているところであり、最近の標準管理規約にも一部取り入れられている。これを参考にして、管理組合によっては総会の決議を得て管理規約に盛込んだ例もある。これまでの使用上、所有上の対象概念に、新たに管理上の「共同管理」と「個別（私的）管理」の概念を導入したものである。図表を含む詳細な解説は第7章に譲るが、調査によれば、これも先駆的な管理組合では、設備の大規模改修工事時に専有部分配管工事費の一部管理組合負担という方法で実施されている。

## 2.4 動的管理の改善対象とその内容

　わが国でマンションの供給が始まった頃は、住宅及び住環境水準自体が未だ低く、しばらくは駐車場や駐輪上に見られるような社会的な水準向上が中心であったが、最近の住宅改善や改良の対象となる施設は、特に高経年マンション（ここでは、管理開始後20年〜30年以上をいう）で顕著に表れ、居住者の高齢化とその間の時代の変化に伴うニーズの変化が要因になる場合も多い。社会的な変化によるニーズを含めて、具体的には以下の通りである。

① 建物の共用部分では、段差解消、スロープ・手摺を初め、エレベータ、階段室用昇降機の設置等、部分的なバリアフリーを目指すもの。
② 共用玄関ホールのオートロック、防犯装置など、時代の社会状況を背景とするもの。
③ 共用設備として、前述の電気容量増加の他、ガス管、電話回線等の容量増加、または仕様変更。
④ 1981年以前に供給された旧耐震構造建物の耐震補強。
⑤ さらに省エネルギーとしての外断熱工事やサッシュ交換時のペアグラスにみる $CO_2$ 対策、さらに周辺の緑化などにみられる環境共生化。
⑥ 衛星放送や地上波デジタル化にみる放送・情報設備の新増設・仕様変更。
⑦ 専有部分の各種バリアフリー化、設備のシステム変更（ガス調理器からIH調理器へ等）。
⑧ 棟や住戸の使用目的の変更、グループホーム・ケアハウス等へのコンバージョン。

　これらは、マンションストックで最近みられる改善行為、または近い将来発生する可能性の高い改善ニーズでもある。

## 2.5　動的管理の認識と合意形成、再生のための法的整備を

　動的管理の推進は、区分所有者や管理組合がこれまでの価値観からの脱却を必要とすると同時に、越えねばならないハードルもあるのは事実である。それらを列記すると、以下に集約される。

① ストックとして長寿命化と改善再生は建替えより費用が掛からず、したがって合意形成も建替えよりはし易い。

② 資源消費型経済から脱却し、$CO_2$の増加を押さえ、地球環境保全への配慮に繋がる。

③ しかし、実現のために管理組合は日頃から積極的管理の必要性を啓発し、必要とする改善ニーズが少ないうちに実施要領等を作成しておく。

④ 費用面で修繕積立金の値上げが可能なうちに準備をしておき、累積積立金の範囲内でできるだけ共用部分の改善実施を手がけておく。これは合意形成のし易さにも通ずる手法である。

⑤ 劣化や陳腐化の早めの把握、調査点検、居住者アンケート、利用調査等により、居住者のニーズを把握することが肝要である。

　そして、こうした改善によるマンションの再生の中には、管理組合や居住者の努力だけでは出来ないものもある。特に地球環境保全への取り組みや、コンバージョンによる住宅の用途変更を含む大掛かりな再生は、国家100年の計による政策上の課題でもある。したがって、そうしたマンションの再生がし易い管理状況を作るために、国は「マンション再生（改善）法」の新設や区分所有法の改正整備をし、マンションストックの有効活用を図るべきである。（本稿は、〈文4〉、〈文5〉を基に、加筆・修正したものである。）

### 参考文献

〈文1〉『マンション管理の知識』p.16［図：永住意識］（財団法人マンション管

　　　　理センター編著・発行、国土交通省マンション政策室監修2006年度版から転載、マンション総合調査（国土交通省2003年調査他）による。
〈文2〉住宅宅地審議会答申「21世紀の豊かな生活を支える住宅・宅地政策について」（2000年6月）中、マンションに関する「性能評価・履歴情報等を活用した市場の評価の実現」による。
〈文3〉『マンションの動的管理の指針』（山本育三・須田松次郎共著、財団法人建築研究振興協会編、1999年5月）で提言。その後これを参考にし、その一部は、国土交通省のマンションストックの再生政策の中で、「マンションの大規模修繕とグレードアップ」の概念として定着する。
〈文4〉拙著「マンションの長寿命化と改善の取組み―改善による「再生」を円滑に出来る法の整備を―」（論文集『住宅・金融フォーラム』創刊号、2008年1月、（財）住宅金融普及協会 pp.115〜122）
〈文5〉拙著「住みよい集合住宅を考える―マンションの動的管理（Dynamic Management）の提唱―」（建設技術新聞、2007年1月15日号掲載）

# 第3章　管理組合の規約とダイナミックな運営

## 3.1　管理規約のあり方

　国土交通省がマンション管理適正化法の制定以来、標準管理規約を指針として作成し、区分所有法他のマンション関連法制度の大きな改正ごとに何度か改定され今日に至っている。特に1997年の改定は、これまでと異なり、これまでの管理規約を1棟型管理規約に改定すると同時に、新たに2棟以上で構成する団地型マンションや、住居だけでなく商店等の入っている複合用途型マンションに適用できる条項を加え、マンションの種類によって雛形になる複数の標準管理規約が現された。

　さらに、2004年、団地型マンションの標準管理規約が大幅に改定された。1995年発生した阪神・淡路大震災で、団地型マンションでの棟ごとの、或いは低層部の大型店舗と上階の住戸群とによる被害状況の大きな違いにより、建替え棟と修復棟、店舗と住戸との間に起こった負担額の違い、その際修繕積立金の配分等で紛争が起こった経験から、棟ごとの修繕積み立て方式と棟ごとの集会決議、店舗等と住戸群との修繕積立金の算定の差、取り崩し方法等で紛争を回避できるような措置が講じられたのである。管理組合では、標準管理規約を基に、あるいは参考にして、自らのマンションの状況に合った管理組合規約に改定することになる。

　管理規約は、マンション管理・運営の規範であり、これに基づいて総会や理事会の運営、共用部分の施設管理がなされる他、様々な細則の設定や運営がされるのである。

　それだけに、管理規約は出来るだけ普遍性を持つ一方で、時代の要請、あるいは実態に即さない条項は、できるだけ改定しておくことが肝要である。

中には、高経年化しているにも拘らず、原始規約(管理開始時に設定された規約)のまま改定されなかったり、特定の区分所有者が全体の4分の1以上の専有住戸面積や戸数を所有しているために規約改定に必要な重要事項議決規程(4分の3以上)をクリアできない管理組合もある。訴訟事件で最高裁まで行き、原始規約の正当性が結審の決め手になったものもあるが、筆者から見ると管理規約はもっと柔軟に改定できる仕組みを早く作るべきと考える。マンションのより長寿命化する状態が普通になる時代では、管理規約が当初のままであることは器としての住宅が固定化されることになりかねないからである。

本章では、上記のような固定的な管理規約ではなく、管理組合が管理規約を改定できる体制を維持することと、その際にどういうスタンスで改定すべきかをダイナミックな管理を射程に入れて進めることにする。

## 3.2 高経年マンションで団地型規約改正した事例

本節では、管理開始後約30年経過の団地型マンションで、これまでの約30年間に亘る管理運営の実績と団地型標準管理規約を尊重しつつ、柔軟な管理運営ができるように最近改定した管理規約を基に、幾つかの条項を紹介し、その根拠を解説しておく。

(1) マンションの概要

対象となるマンションの概要及び管理組合の運営、管理規約改定の経緯は、以下の通りである。
- イ．1981年3月末初入居で、4階建(15戸)、5階建(29戸)の中層壁式構造・階段室型2棟が平行配置されている。
- ロ．横浜市の耐震予備診断調査では、壁式構造体であること、設計が新耐震基準設定直前でもあり、供給した神奈川県住宅供給公社の方針で新耐震基準に準じた配筋構造だったこと等から、本診断の必要なしとの診

断結果が得られ、地震保険の掛け率も新耐震基準に準じた扱いに変更された。
- ハ．ほとんど専有面積約100㎡で、これまで約30年間に亘り、2棟間で区別無く長期修繕計画のための積立金を徴収し、かつ大規模改修工事を初めとする修繕費取り崩し工事をしてきた。
- ニ．管理開始7年後の1988年以降、総会の議決により、理事会の下に「長期修繕計画策定委員会」を設け、毎年総会の承認により歴代の理事長の中から10数名の委員を委嘱、主要な修繕計画の検討、立案、徴収修繕積立金の提案等を理事会に具申し、これを基に、総会で長期修繕計画の見直しと徴収修繕積立て金の改定、修繕積立て金取り崩し等を実施してきた。
- ホ．2007年、理事会より上記委員会に対し、管理規約の大幅な改定を目途とした諮問があり、管理会社（財）若葉台管理センター（当時）を事務局に、同委員会がこれに着手した。同委員会は、修繕計画の検討委員会ではあるが、歴代の理事長によって構成されていることから、新たに別の規約検討委員会を作るより、同委員会に諮問するのが妥当と判断された結果である。2004年改定の団地型標準管理規約とこれまでの当該管理組合の運営実績を射程に入れ、現行規約改定の検討に入る。約2年間の検討結果を理事会に答申し、2010年の総会で規約を改定、2011年の総会でさらに一部字句を修正改定し、今日に至る。

(2) **規約改定への主な視点**

　改定された管理規約と規約改定に際し実施した住民説明会及び総会での議案の趣旨説明の中から、規約改定に当たっての基本的な視点を以下に列記する。

　下記の括弧内は、本章のために付した注釈である。
- ① 2002年改正された区分所有法及び2004年提示された国交省「マンション標準管理規約」との整合を図る一方、これまで長年執行されてきた当該管理組合の運営を尊重・継続することとした。

② 合わせて若葉台住宅管理組合協議会で作成し、同役員会で承認された管理のための憲章を盛り込むことにした。(集合住宅団地の若葉台で当時13管理組合で構成している若葉台住宅管理組合協議会が2007年に制定した、当地区のマンションをより長寿命化させ、かつ積極的な管理を目指すとした「緑のまち横浜若葉台100年マンション憲章」をいう)

③ 年号表記は、元号だけでは昭和から平成に掛けての経過年数が分かりにくいので、西暦を主にし、括弧内に元号を併記した。

## (3) 規約の主な改定点 (抜粋)

以下、2010年の改定規約の条項に沿って、主な改正点を箇条書きに解説しておく。(一部は、その後2年間の運営経過を経て、2012年の総会で一部再改定した結果を含む。条項ごとに〈解説〉にその趣旨が記されている。括弧内に上記と同様、本稿での筆者による注釈を付す)

◇前　文
「緑のまち横浜若葉台　100年マンション憲章」
　1．管理組合は、マンションの「長寿命化・再生」を目指し、さまざまな施策と活動を行っていきます。
　2．管理組合は、「守る管理」から「攻める管理」を実践していきます。
　3．管理組合は、この素晴らしい「住・緑環境」を守り、積極的かつ広域的に協調して管理していきます。
　4．管理組合は、世代間の平準化を積極的に図り、「世代循環型団地」の創出を目指します。
　5．管理組合は、オール若葉台組織の一員として、魅力ある100年タウンを目指し、「緑のまち横浜若葉台」を創造します。

「緑のまち横浜若葉台　100年マンション憲章」解説 (前文に記載の「解説」を再録)
　1．長寿命化・再生

(1) 長寿命化：マンション自体を対象とする時、「長寿命化」とは長期修繕計画上で少なくとも4～5周期程度、具体的には50～60年から75年以上は使用可能な状態を持続できるよう、日常を含め長期に亘って維持保全することである。

したがって、100年マンション憲章では、100年の「長寿命化」を目標とする。

(2) 再　　生：ここで言う「再生」とは、マンションを長寿命化させながら、かつその時代の居住ニーズに沿って出来るだけ施設の改善・改良を施すことで、新たな供給マンションとの居住レベル格差を出来るだけ縮め、建物・設備の陳腐化を防止し、居住者層の活性化を促すことである。一方、国土交通省の「マンション再生」では、マンションの建替えによって既存都市の再生に通ずる要素という意味で、「再生」に「建替え」を含めているが、本憲章では建物・設備を維持保全しながら改善・改良することによる「再生」を目標とする。

２．守る管理・攻める管理

一般にマンション管理で求められる最小限の管理業務は、その時点での管理規約や細則に準拠することであり、これを「守る管理」と位置づけるが、それのみでは、長寿命化や再生への視点に立った積極的な管理が期待出来ない恐れがある。

その時代の居住レベルのニーズに管理規約や細則がそぐわなくなった場合には、それらを改正してでもニーズを取り込んだ管理が求められる。これを「攻める管理」として位置づける。

３．広域的に協調

単一管理組合の領域にとどまらず、管理組合協議会及び他の「住・緑環境」向上に努める若葉台の諸団体との協調を言う。

４．世代循環型団地

ここで言う「循環型」とは、特定の世代に年齢人口が団塊的に集中することのないよう、世代間で漸次交代していくような集合住宅団地社会を目指すことである。一般的に循環型社会という時の循環が広く自然環

境のサイクルから社会・経済面での機会均等などまで広く使われることから、本憲章では、特に「世代循環型団地」とした。
５．魅力ある100年タウン、緑のまち横浜若葉台
　　魅力ある100年タウンとは、マンションを「長寿命化・再生」するだけでなく、交通の利便性の向上や若葉台地区としてのコミュニティ形成を目指す必要がある。最も若葉台を象徴する「緑のまち横浜若葉台」の創造を目指すものである。

◇第１条（目　的）
　　この規約は、前文にある「緑のまち横浜若葉台　100年マンション憲章」の精神に基づいて、若葉台〇〇住宅の管理又は使用に関する事項等について定めることにより団地建物所有者の共同の利益を増進し、良好な住環境を確保することを目的とする。
　〈解説〉若葉台のマンションが長寿命化に耐え、かつその時代のニーズに応えられるよう、標題の憲章とその解説を本規約の前文とし、かつ規約第１条（目的）にこれを明記することで、管理規約上も長寿命化と積極的な管理による優れた居住性を目指すマンションとすることとした。

◇第22条（窓ガラス等の改良）
　　共用部分のうち各住戸に附属する窓枠、窓ガラス、玄関扉その他の開口部に係る改良工事で、防犯、防音又は断熱等の住宅の性能向上等に資するものは、管理組合がその責任と負担において、計画修繕としてこれを実施する。
２　管理組合は、前項の工事を実施できない場合には、当該工事を各団地建物所有者の責任と負担において実施することについて、許可することができる。
　〈解説〉標準管理規約の本規定を入れることで、管理組合の責任体制と区分所有者による改善を認めることとした。第２項は、断熱性の高い窓ガラスの二重化等を個人の申請により可能にしたものである。

◇第26条（管理費等）

団地建物所有者は、土地及び共用部分等の管理に要する経費に充てるため、次の費用（以下「管理費等」という。）を管理組合に納入しなければならない。
(1)　管理費
(2)　修繕積立金
2　管理費等については、各団地建物所有者が所有する専有部分の戸数比例に応じて算出する。
〈解説〉標準管理規約では、「団地修繕積立金」と「各棟修繕積立金」の区分があるが、ここでは、
① 　専有面積約100㎡のほぼ均一専有部分を有している２棟（４階建て15戸、５階建て29戸）間で戸当り支出額について、通常の修繕工事に際して著しい差が見られないこと。
② 　これまで28年間、共通修繕積立金取り崩しで工事をしてきたこと等により、あえて「団地」と「棟」の２本立ての修繕積立金徴収を選択しなかった。
③ 　組合費の項目は、金額の大きさや予算・決算上これまで事実上管理費の内訳で計上していたことから、28条の管理費内訳に移した。

◇第28条（管理費）
管理費は、次の各号に掲げる通常の管理に要する経費に充当する。
(1)　管理員人件費
(2)　公租公課（団地建物所有者が直接徴収されるものを除く）
(3)　共用設備の保守維持費及び運転費
(4)　備品費、通信費その他の事務費
(5)　共用部分等に係る火災保険料その他の損害保険料
(6)　経常的な補修費
(7)　清掃費、消毒費及びごみ処理費
(8)　委託業務費
(9)　専門的知識を有する者の活用に要する費用
(10)　管理組合費

(11)　その他土地及び共用部分等の通常の管理に要する費用
2　管理組合費は、次の各号に掲げる管理組合の運営に要する経費に充当する。
　(1)　会議費
　(2)　広報・印刷製本費
　(3)　コミュニティ形成費
　(4)　その他管理組合活動に要する費用
〈解説〉標準管理規約を基に専門的知識活用、コミュニティ形成、組合運営等の費用を加筆した。特に第28条2項で、規約に管理組合費を追加し、26条の改定に伴う措置と内訳を明示した。

◇第29条2項（修繕積立金の取り崩し）（第1項は省略）
2　前項にかかわらず、団地管理組合総会の決議により、第72条第3号、第4号による請求及び専有部分における前項第1号、第2号に関する経費に充当する場合は、修繕費を取り崩すことができる。
〈解説〉第72条第3号、第4号の棟総会による調査費用請求、及び専有部分の管理組合による修繕時の取り崩しが可能なように加筆した。

◇第30条（区分経理）
　管理組合は、次の各号に掲げる費用ごとにそれぞれを区分して経理しなければならない。
　(1)　管理費
　(2)　修繕積立金
〈解説〉○○管理組合がすでに実行している修繕積立金と管理費との区分経理とするが、標準管理規約にある「団地」と「棟」の区分はしないこととした。（前述の「マンションの概要」でも述べたとおり、2棟が互いに平行配置の類似形状、専有部分がほぼ全戸同面積、耐震予備診断結果でも同様の耐震性が見られたこと、これまで30年間近く一緒に管理組合としての管理運営をしており、修繕積立金の取り崩し時に分離計上はしてこなかったこと、今後も特に分離積み立てする必要が希薄なこと、等による。筆者の概算によれば、2棟間で戸当たりの外壁面積には大き

な違いが無く、一方の棟に集会所、他方の棟に貸室電気室があり、棟別分離積み立てまでして工事の際の積立金取り崩しでの分割は馴染まないことなどによる。）

◇第34条（業務）

管理組合は、次の各号に掲げる業務を行う。（特記すべき項目を抜粋）
- ⑶　組合管理部分の修繕
- ⑷　第29条第２項による専有部分の修繕
- ⑸　長期修繕計画の作成又は変更に関する業務
- ⑹　建物の建替えに係る合意形成に必要となる事項の調査に関する業務
- ⑺　適正化法第103条に定める、宅地建物取引業者から交付を受けた設計図書の管理
- ⑽　団地建物所有者が管理する専用使用部分について管理組合が行うことが適当であると認められる管理行為
- ⑰　団地建物区分所有者（組合員）及び占有者とそれらの同居人の名簿作成
- ⑱　地域コミュニティにも配慮した居住者間のコミュニティ形成
- ⑲　管理組合の消滅時における残余財産の清算及び建物の取壊し時における当該棟に係る残余財産の清算
- ⑳　その他組合員の共同の利益を増進し、良好な住環境を確保するために必要な業務

〈解説〉標準管理規約を基に、管理適正化法にある「図書の保管」、「コミュニティ形成」、「建替え等を射程に入れた棟の余剰財産の措置」の他に、「居住者名簿作成」を加えて、理事会の名簿作成を義務付けたもの。管理組合として居住者の名簿は必要との判断による。

◇第36条（専門的知識を有する者の活用）

管理組合は、マンション管理士（適正化法第２条第５号の「マンション管理士」をいう。）その他マンション管理に関する各分野の専門的知識を有する者に対し、管理組合の運営その他マンションの管理に関し、相談、助言、指導その他の援助を求めることができる。

〈解説〉管理組合の運営、維持保全等は素人である区分所有者だけでは、法的、技術的難しい問題を処理しきれないことを勘案し、標準管理規約に準じて追加した。

◇第37条（役員）第2項（第1項省略）

2　理事及び監事は、○○住宅管理組合に現に居住する組合員、その組合員と同居又は若葉台地区に居住する親族のうちから、区分所有法第65条の集会（以下「団地総会」という。）で選任する。

〈解説〉区分所有者の高齢化に伴い、役員の範囲を親族に広げ、かつその隣居者を可能にすることで、役員のなり手を確保することとした。（若葉台内で5千戸強のマンション他の集合住宅があり、親や子供が近居している例も増大しつつある。）

◇第38条（役員の任期）

役員の任期は2年（半数改選）とし、通常総会終了時に就任する。ただし、再任を妨げない。

（第2項〜第4項は省略）

〈解説〉これまで曖昧であった役員の就任時を現状に合わせて整合させた。

◇第39条（役員の誠実義務等）現行規約3項の削除

〈解説〉役員の背任行為、損害を与えた時の損害賠償責任の項は、標準管理規約にもなく、かつ規約に明記せずとも、第1項で誠実な職務遂行を義務付けしているので削除した。

◇45条（招集手続き）（第1項〜第3項は省略）

4　第1項の通知をする場合、会議の目的が第49条第3項第1号、第2号に掲げる事項の決議、建替え承認決議又は一括建替え決議であるときは、その議案の要領をも通知しなければならない。

5　会議の目的が建替え承認決議であるときは、前項に定める議案の要領のほか、新たに建築する建物の設計の概要（当該建物の当該団地内における位置を含む。）を通知しなければならない。

6　会議の目的が一括建替え決議であるときは、第4項に定める議案の要領のほか、次の事項を通知しなければならない。

(1) 建替えを必要とする理由
(2) 建物の建替えをしないとした場合における当該建物の効用維持及び回復（建物が通常有すべき効用の確保を含む。）をするのに要する費用の額及びその内訳
(3) 建物の修繕に関する計画が定められているときは、当該計画の内容
(4) 建物につき修繕積立金として積み立てられている金額

7　一括建替え決議を目的とする団地総会を招集する場合、少なくとも会議を開く日の1ヶ月前までに、当該招集の際に通知すべき事項について組合員に対し説明を行うための説明会を開催しなければならない。

8　第47条第2項の場合には、第1項の通知を発した後遅滞なく、その通知の内容を、所定の掲示場所に掲示しなければならない。

9　第1項（会議の目的が建替え承認決議又は一括建替え決議であるときを除く。）にかかわらず、緊急を要する場合には、理事長は、理事会の承認を得て、5日間を下回らない範囲において、第1項の期間を短縮することができる。

〈解説〉区分所有法、標準管理規約に整合させ、新たに追加した。（特に建替えの手続を追加）

◇第48条（議決権）（第2項～第4項は省略）

　各組合員の団地総会における議決権の割合は、別表第3の団地共用部分の持分の割合による。

5　組合員が代理人により議決権を行使する場合、代理人は、その組合員と同居する者、又は若葉台地区内に居住する組合員の親族、若しくはその組合員の住戸を借り受けた者、又は他の組合員若しくはその組合員と同居する者でなければならい。

6　代理人は、代理権を証する書面を理事長に提出しなければならない。

　ただし、第37条第2項で選任された理事は、書面提出を省略することができる。

〈解説〉区分所有者が行使できない場合を想定し、議決権行使できる代理人の枠を新たに若葉台に居住する親族まで広げた。

◇第68条（棟総会）～第76条（義務違反者に対する措置）
　（棟総会に関する条項中、マンションの概要で述べた特徴を生かした条項のみを列記する。）

◇第68条　（棟集会の招集手続）（第1項～第3項は省略）
4　会議の目的が建替え決議であるときは、次の事項を通知しなければならない。
　　(1)　建替えを必要とする理由
　　(2)　建物の建替えをしないとした場合における当該建物の効用維持及び回復（建物が通常有すべき効用の確保を含む。）をするのに要する費用の額及びその内訳
　　(3)　建物の修繕に関する計画が定められているときは、当該計画の内容
　　(4)　建物につき修繕積立金として積み立てられている金額
5　建替え決議を目的とする棟総会を招集する場合、少なくとも会議を開く日の1ヶ月前までに、当該招集の際に通知すべき事項について区分所有者に対し説明を行うための説明会を開催しなければならない。
　（第6項、第7項は省略）

◇第72条　（棟集会の議決事項）
　　次の各号に掲げる事項については、棟集会の決議を経なければならない。
　　ただし、別表第1に定める附属施設及び別表第2に定める団地共用部分にかかる事項については、団地総会の決議による。
　　(1)　区分所有法で団地関係に準用されていない規定に定める事項に係る規約の制定、変更又は廃止
　　(2)　区分所有法第57条第2項、第58条第1項、第59条第1項又は第60条第1項の訴えの提起及びこれらの訴えを提起すべき者の選任
　　(3)　建物の一部が滅失した場合の滅失した棟の共用部分の復旧及びその経費に充当する場合の修繕積立金の取崩し請求
　　(4)　建物の建替えに係る合意形成に必要となる事項の調査の実施及びその経費に充当する場合の修繕積立金の取崩し請求

(5)　区分所有法第62条第1項の場合の建替え
　(6)　区分所有法第69条第7項の建物の建替えを団地内の他の建物の建替えと一括して建替え承認決議に付すこと
〈解説〉
　①　区分所有法、標準管理規約に準じて、新たに条項を追加した。
　②　ただし、議決事項で、前述（第30条、管理費等の区分管理の〈解説〉）の通り、これまで団地管理組合として機能してきたことと棟別建替えに際して区分所有法との整合性を取るべく、議決による修繕積立金の取り崩し請求権を棟総会に与え、かつその最終議決を団地管理組合に託すという、当該管理組合独自の条項とした。
　③　議決権は、各棟ごとに母数をその戸数とした。
　④　義務違反者に対しては、団地管理組合によらず、区分所有法に則って棟集会で措置することとした。

◇第77条（理事長の勧告及び指示等）
　〈解説〉区分所有者の規約等に違反し、勧告に従わない時の法的手続き、弁護士費用等を明示した。

◇第79条（市および近隣住民との協定の遵守）
　〈解説〉遵守相手として、現行規約の「地方公共団体」字句と標準管理規約に準じた条項との整合性を取る為、「横浜市又は近隣住民・各公益団体」とした。

◇その他、区分所有法、標準管理規約等に準じて追加した、あるいは現状の運営に合わせて修正した条項は以下のとおりである。

・第49条（団地総会の会議及び議事）　4項、7項他
　〈解説〉建替え承認決議、一括建替え決議等の項を追加。
・第50条（議決事項）
　〈解説〉長期修繕計画、修繕積立金の取り崩し、保管・運用、建替えに係る事項等の項を追加。
・第55条（理事会の会議及び議事）
　〈解説〉理事数（5人）が少ないこと、実態に合わせること等を考慮し、

理事を3分の2から過半数に修正。
◇規約本文ではないが、改正した届け出様式、細則等の中で、特記すべきことは以下の2点である。
・誓約書（○○住宅管理組合様式4）：賃借人の遵守事項を明示した。
・共同生活の秩序維持に関する細則：新たに住宅入居者名簿の様式を設定した。

## 3.3 柔軟な管理組合運営

　上記3.2節に述べたとおり、当該管理組合では、1981年管理開始以来、国の標準管理規約の大幅な改定や管理運営上、規約や細則の不都合が著しくなった時などを契機に、規約や細則を改正すると共に、運営上も柔軟な取り組みがなされ、その時代の状況に対応してきた。従来、総会直後に開催されていた新旧理事会の引継ぎは、今は総会前に事実上済ませ、総会後は、住民が集会所に参集して昼食会を兼ねた意見交換会が行われている。改正規約にあるコミュニティ形成を実行することで、いざという時の合意形成の枠組みづくりがなされている。
　管理規約を固定的に考えず、常に積極的な管理が可能な仕組みづくりと取り組みが必要である。

# 第4章　専有部分の改善

## 4.1　区分所有者の改善行為と管理組合の対応

### (1) 改善への背景とこれからの傾向

　専有部分について改善行為をする要因は様々であるが、その主たる背景は以下の2点に集約される。その一つは、マンションの供給時期による当初の住宅水準がその後の一般的な住宅水準と比べ、相対的に低下していたり、新規供給マンションで概して共通の仕様水準との格差是正などである。今一つの要因はかつて家族の増加や子供達の成長に伴い購入したマンションで、その後子供達が巣立ちし、家族数が減少するのと合わせて、周辺環境を含め住み慣れたコミュニティを離れたくない、今のマンションに永住しようとするベクトルが働くことによる。筆者の調査研究を基に、それら要因の具体的事例を以下に列記しておく。

① 給湯設備部分の増加、室内あるいはFF式ガス釜等の室外給湯器への変更
② 使用電気機器の増加や容量の増加に伴う契約電気量の増加
③ 台所の調理施設のレベルアップ（システムキッチン化、仕様のレベルアップ、IH化等）
④ 床・壁・天井等、仕上げ材料の老朽化による模様替え、じゅうたんから木造床への変更等
⑤ 居住者の高齢化や身体障害に伴う段差解消や手摺設置等のバリアフリー化
⑥ 間取りの変更、2室の1室化等、限られた住面積内での住まい方の変更やより広い使用への傾向

　これらの要因は、後述する調査研究結果を見ると、その現れ方に一定の傾

向が読み取れる。概括すると、入居当初は散発的であった改善戸数が入居10年経過頃から急激に増え、20年経過あたりまで比較的高く全戸数の10％前後から中には20％を超える管理組合もあることである。この傾向は、前述の通り建設時期やその時代の経済的背景にもよると考えられ、マンション供給が一般化した1970年前後の供給物件に顕著に現れている。

しかし、マンションへの永住志向は益々増大すると思われることから、改善への要因の出方は変化するとしても、専有部分の改善への動向は、今後さらに増えるものと予測してもよいのではなかろうか。

(2) 専有部分の改善行為に対する管理組合の取り組み方

これら専有部分の改善行為は、共用部分に影響することも少なくない。また、例え影響自体は少ないとしても、専有部分の改善行為に対して厳しく禁止規程だけを優先するのでは、居住者にとって住みにくいマンションになり、その結果はマンションライフの活性化に結びつかないことになり、かえってそのマンションのコミュニティ形成にも支障をきたすことになりかねない。

筆者の調査によれば、幾つかのマンション管理組合では、そうした事態を避け、かつ一定の歯止めをするために管理組合としての専有部分の模様替えに対する許可規程を設けている。以下にこれを列記しておく。概ね〇数字の手順、または同時申請方式で実行される規程である。

① 改善承認申請書の提出
② 理由書の提出
③ 近隣住戸の承認印
④ 設計図書の提出
⑤ 仕様書の提出
⑥ 管理組合の改善承認書交付
⑦ 工事内容等の掲示
⑧ 工事完成届の提出

これらのうち、①～⑤を、申請時に管理組合に提出し、管理組合理事会で

検討の上、⑥を申請者に交付、⑦、⑧を漸次、申請者が掲示、あるいは提出する方式である。ただし、このうち、管理組合によっては、①、⑥を除き、適宜省略しているものもあるが、③については、調査5例中4例で実施している。専有部分の改善行為とは云え、工事後や工事時期の騒音他の影響が隣人に及ぼさないための事前手続きである。もっともこれを実施していない管理組合理事会によれば、許可条件をはっきりしておきさえすれば、近隣で感情的な反対者が居ても工事が出来る仕組みの方が公正であるとの見解である。一考を要する手続きともいえる。

また、時々の理事会では、必ずしも専門的知識を有しておらず事実上許可承認の能力を超えるとの判断もあり、委託管理会社の係員を通じて管理会社の技術者の判断により理事会は手続き上の承認許可だけを行っている管理組合もある。その場合、専有者が委託管理会社に改善工事を依頼するケースもあり、委託管理会社と管理組合間で予め承認条件のすり合わせをしておく必要がある。

#### (3) 管理組合が現状復帰を命令した事例

中には、通常の申請手続を経て改善行為を進めたが、施主の希望で専有部分を広げるため工事中に共用配管スペースを一部狭めたことが工事終了後の届けに対して管理組合が立会い検査を実施して判明したケースがある。なぜ立会い検査まで管理組合が実施したかまでは明らかでないが、おそらく何らかの情報が寄せられ、管理組合としても座視できずに検査をしたものと思われる。結果は、理事会決議により理事長名で現状復帰を文書で命令し、この場合は当該区分所有者も命令に従い、事なきを得たケースである。これから様々な専有部分の改善が頻繁に行われることが予想されるだけに、こうしたケースにならないよう、普段の情宣活動によるモラルの維持が求められる。

## 4.2　調査結果に見る改善事例

　本書は純粋の研究論文ではないので、本稿では、見られた傾向の属性、背景、今後への参考程度に調査研究の概要を述べておく。

(1)　**調査目的と項目、調査方法、調査時期**

　この調査は、前述のとおり、マンションが永住の対象になりつつある現在、区分所有者による専有部分の模様替え、大幅なリニューアルがすでに起きており、あるいは予想されることから、それらに対して、管理組合がどのように対応すべきかの知見を得る目的で筆者の研究室で過去2度に亘って調査実施・分析した結果である。〈文1〉

　調査項目は、概ね以下の通りである。

① 　内　　装：軽微な変更、壁・床・天井の仕様変更、間仕切り変更、木造床への変更
② 　建　　具：玄関ドア・室内ドア・窓サッシ等の取替え、シャッターや雨戸の取り付け、玄関錠の変更
③ 　設　　備：契約電気容量の変更、キッチンのユニット更新、浴槽の取替え、浴室のタイル張替え、衛生器具（洗面・トイレ）の更新、給湯器の取替え・新設、冷暖房機取替え・新設、浄水器の設置、アンテナ（BS・CS等）の設置
④ 　その他
　　設備関連：流し台・ガスレンジ・換気扇・照明器具交換・取り付け・コンセント増設等に伴う関連工事、電話配線・ガス管・インターホン・その他設備関係の変更・増設他
　　内装・建具関連：防犯用格子・物干し金物等、共用部分の専用使用箇所の交換・新設、網戸・玄関ドアノブ・手摺・造作家具等の模様替え、増設他

調査方法は、①管理開始時から調査時点までの管理組合保管の各戸からの模様替え全申請書とその許可書の集計による、②それらの中で大幅な模様替え、例えば間仕切り変更や内装の全面取替え、大掛かりな設備更新や、新設等を行った住戸に対して、了解を得られたところへのアンケート、さらにヒアリングによるリニューアルの要因、できれば大まかな工事費用等の調査を行った。

調査は、第1回目が1992年1月までの経年予備調査に続いて、第2回目が1993年1月までの経年調査、第3回目が1993年2月以降2002年度末までの経年調査を加えたものである。

(2) **調査対象と許可条件**

調査対象は、郊外団地型マンション5管理組合、戸数規模は約60戸〜500戸前後〜1500戸で巾がある。専有面積は60〜80㎡程度であり、経過年数は第3回調査時点で23年〜30年、管理開始時が1970年代前半〜1980年である。現段階ではいずれも30年〜40年弱の高経年マンションに該当する。

5管理組合の各申請許可条件を表4.1に示す。

表4.1 専有部分の模様替え申請と許可条件の組合調査結果

| 許可条件\組合名 | W1 | Mi | Kd | Kk | E3 |
|---|---|---|---|---|---|
| 1）改善承認申請書の提出 | ○ | ○ | ○ | ○ | ○$_3$ |
| 2）理由書の提出 | ○$_5$ | × | × | × | ○ |
| 3）近隣住戸の承諾印 | ○$_1$ | × | ○$_1$ | ○$_2$ | ○$_4$ |
| 4）設計図の提出 | ○ | ×$_1$ | ×$_1$ | × | ○$_6$ |
| 5）仕様書の提出 | ○ | × | × | × | ○$_6$ |
| 6）管理組合の改善承認書 | ○ | × | × | × | ○$_6$ |
| 7）工事内容等の掲示 | ○ | × | ○ | × | × |
| 8）工事完成届の提出 | ○ | × | × | × | × |

○印：実施、×印：実施せず

42　第4章　専有部分の改善

**(3) 調査結果の概要**

　5管理組合別にそれぞれ経過年数による模様替え申請・許可の項目別件数を図4.1に示す。

　共通の特徴は管理開始10年程度までは戸数割合で数％程度以内であるが、10年前後から急激に増加し、多いもので20％～40％、中には50％を超えるものも出てくる。特に60％、70％、200％を超えるものが1～2管理組合に見られるのは、その時期に管理組合として一斉に浴室のバランス釜の外置き交換や給湯器の外壁設置を行い、合わせて各戸に対して洗面場等の設備改善を

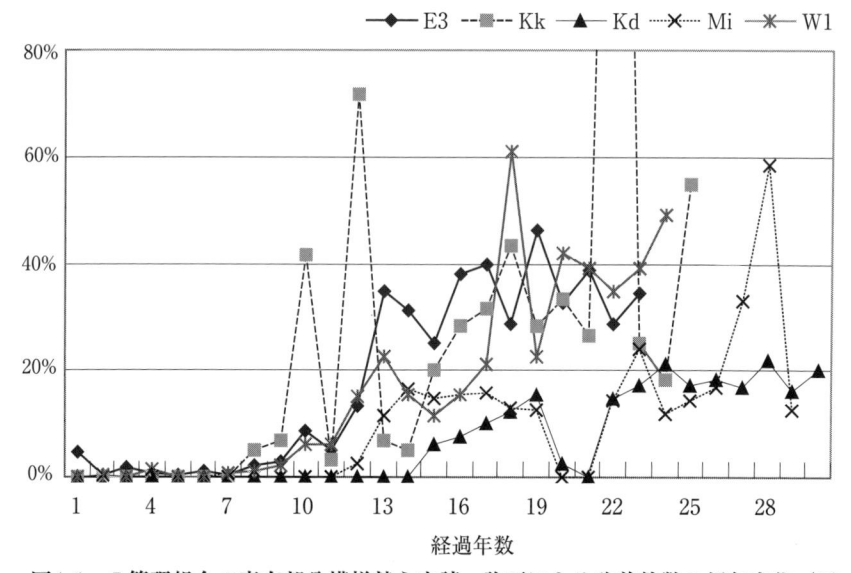

**図4.1　5管理組合の専有部分模様替え申請・許可による改善件数の経年変化（戸数割合）**

注1：5組合中に経過年数により一部断絶しているものが見られるのは、管理組合が資料保管を5年間としているため、調査時点ですでに資料が破棄されていたものである。

注2：件数は、模様替え項目ごとの申請・許可の内装・設備分類項目別件数で集計しているため、例えば1回の申請で、設備と内装が同時に行われれば2件となる。したがって組合によっては合計件数が住戸数を上回ることもある。

図った結果である。

20年経過あたりから管理組合にばらつきが若干見られが、対象管理組合2例でも概ね20〜30％前後を推移する。まだ管理開始後20年を若干超えた段階の3組合は15年経過以降の模様替え件数は50〜60％前後を示していることから、引続き高い割合で模様替えが進行していることが推測される。

(4) **内装・設備等の改善割合**

先に示した**図4.1**による総集計件数の割合では、内装や設備の割合が分からないので、さらにその内訳を全申請・許可書類の累計による割合を見たものが**図4.2**である。管理組合によって内装と設備の割合が逆転している。これは Mi、Kk、Kd が経過年数が比較的長く、その分設備の改善が多いのに対して、E3、W1が供給時が相対的に新しく、その分設備の改善の必要性が少なく、逆に内装面の改善ニーズが多いことを物語る。

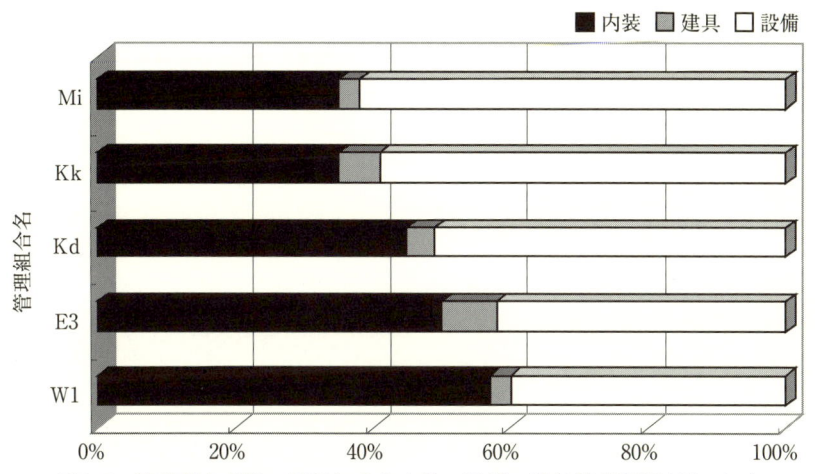

**図4.2 模様替え件数の累計による内装・設備・建具等分類別割合（％）**

## (5) 経過年数別改善件数のピーク時の戸数割合

さらに、時々極端に模様替え件数の多いマンションがあること、中には管理組合が設備でまとめて改善していることなどから、各マンションごとに1年でピークを示した年度の申請・許可書の戸数割合を集計したものが**表4.2**である。KkとMiが20%を超え、図4.1の注2で述べた管理組合が率先して風呂釜などの改善指導をした結果が読み取れる。特にKkでは、90%近くの住戸が呼びかけに呼応して設備改善を行い、合わせて内部の模様替えも行っている。

表4.2 各管理組合の改善ピーク時の申請状態

| 各管理組合の呼称 | 改善ピーク時の件数（申請）/全戸数 | 改善ピーク時の全住戸あたりの割合 |
|---|---|---|
| W1 | 115/662 | 17.4% |
| Mi | 214/1035 | 20.7% |
| Kd | 179/1506 | 11.9% |
| Kk | 53/60 | 88.3% |
| E3 | 91/464 | 19.6% |

## (6) アンケート・ヒアリングによる改善への要因

アンケート調査対象は、先の申請・許可書類中、全面改装や設備の大掛かりな更新を行った住戸5管理組合計約430戸、回収数約80、回収率20%弱、管理組合別では、7%弱～27%である。

調査事項は、入居時期、その時の家族構成、中古分譲入居に対しては改装前の入居か否か、改装への取り組み、申請・許可の住戸への改装したときの制限、改装前後の違い、複数改造ではそれぞれの改善項目の違い、さらに今後の改善希望等々の設問である。

結果の詳細は割愛するが、総じて以下の特徴が読み取れた。
① 改善への要因：内装では汚れ・衛生上（49例）、老朽化（42例）、居住

空間の向上（38例）などが上位を占める。この時点ではバリアフリー化（4例）、家庭上の理由（7例）、趣味・嗜好（5例）等が極めてわずかである。
② 設備面では、老朽化のためが圧倒的に多く105例、居住空間向上（37例）、汚れ・衛生上と趣味・嗜好（各12例）、他（各数例）となる。
③ 建具では全体にわずかでばらつきが見られる。

このように、10年経過あたりから始まり20年経過で増える改善行為は、概ね老朽化、汚れ・衛生上、続いて居住空間向上等が要因である。

## (7) 専有部分の改善行為に見られる傾向

マンションが建替えにくい住戸であり、かつ永住志向が増えている現実と、そもそも簡単に建替えるべきものではないという方向性から、管理開始後一定の年数経過により一挙に専有部分の模様替えによる改善行為が増え、しかもその要因から見て、10年から20年程度を機に老朽化や汚れ・衛生上、多くの住戸で同様の傾向が見られる。その際、管理組合として、適切なルール、指導、場合によっては率先して改善に手をつける積極的な管理が必要である。マンションが終の棲家として機能し、マンションライフをエンジョイできる体制づくりが求められる所以である。

**参考文献**
〈文1〉関東学院大学工学部建築設備工学科2004年度卒業研究「マンションの専有部分の改善について」（山本育三研究室、武山浩司）

# 第5章　共用部分の改善・耐震化

## 5.1　マンション居住環境改善の歩み

　マンション管理が一般化し始めた頃のマンション管理では、「管理組合がなすべき施設管理は、マンション共用部分を対象とし、供給当初の性能をできるだけ維持保全し、経年劣化を修繕によって復元すること」に主眼がおかれていた。「共用部分」の「維持管理」と「保全修理」が業務の基本だったのである。

　しかし、①1960年前後から1970年代に供給されたマンションの多くは、供給時点で、住生活に十分な施設水準ではなかったこと、②経済の高度成長と急激な消費水準の向上に伴う生活ニーズに供給が追いつかなかったこと、③特に団地型マンションに見られた現象として、一気に入居した世代が若い子育て年齢に集中し、年数の経過と共に共用部分における共通のニーズが高まったこと、などから、管理組合として様々な改善行為が行われ始めた。今日、マンションの「改善」による「再生」と言っている「はしり」である。

　どんなニーズがあり、共用部分ではどんな改善がなされたかを、筆者の研究室他で当時調査した研究結果から、傾向を簡単に記述しておく。

(1)　団地型公的分譲（供給当時の公団、公社の分譲）での改善〈文1〉

　1960年代後半〜1970年代の約15年間に供給された、当時の日本住宅公団、自治体の住宅供給公社が供給した、団地型マンションでの調査結果によれば、改善実施した対象と改善行為は、概ね以下の通りである。

　① 駐車場の新増設
　② 駐輪場（自転車・オートバイ置き場）の新増設
　③ 集会所・管理事務所の新増設

④　住棟共用部分（共用の階段や開放廊下、玄関ホール、エレベーターホール等）のスロープ、手すり等の新増設
⑤　設備（給水管、ガス管、電気等）の仕様変更や容量増設
⑥　放送・受信設備等の新増設

　これらの中で、①駐車場は、1960年代〜1970年代のマンション供給では、当初の設置率は住戸総数の約20％〜30％程度で、供給時にすでに居住世帯の車保有率が設置率を上回り、かつ経過年数とともに保有率が高くなった。管理組合の理事会が入居直後から敷地内で可能な場所での新増設や団地周辺の旧農地（遊休地）の借用等に管理業務の相当部分を割かれたが、常にニーズに追いつかない典型であった。

　一方、②駐輪場は、子供の成長に伴い、入居当初設置されていた施設では手狭になり、あるいはオートバイの所有者が出始め、入居5年前後から駐車場と同様に新増設が始まっている。

　③集会所等は、居住者のコミュニティ活動が盛んになるに従い、集会所の利用率が高まったり、管理業務が活発化する中で、管理事務所の使用状態が頻繁になる、あるいは保管資料が増大するなどが要因であるのと、まだ大規模改修工事までには時間があったり、修繕積立金の多少の余裕があったりで、共同で使用する箇所の改善機運の高まりが考えられる。

　④住棟共用部分の改善は、管理開始12年〜15年の第1期大規模改修工事の時に、供給時になされていなかった防水の仕様向上、玄関ホール等の内装仕様の向上、将来のマンション高経年に伴う居住者の高齢化を見据えて手すりや玄関エレベーターホール等のスロープの設置等、管理開始後のニーズの変化が主となる。

　⑤設備関係では、専有部分の電気容量が供給当初15アンペア〜30アンペア程度だったのに対して、その後の生活水準の向上に伴う消費電力の増大に共用部分の契約電気容量が不足し、変電施設の容量を増加、ガス供給面でも電気と同様の状況が生じ幹線を交換、給水については、自治体のメーター契約の変更、給水システムで受水槽方式から直結給水方式への交換などが最近でも行われている。いずれも、社会の制度変化、消費生活の変化等で、住生活

のニーズの変化がもたらすものである。

⑥放送設備は、日進月歩の放送網の変化に管理組合がいかに敏感に対応できるかを表す指標でもある。

## (2) 最近の動向

### ① 駐車場のその後

車社会に入り、1990年代あたりから、新規供給マンションについては、都心部、郊外地区、共に、駐車場の設置率が大幅に増加された。特に、鉄道駅からバス利用による郊外型マンションでは、自治体によっては駐車場設置率100％、あるいはそれに近い設置率を建設条件にした地域もあり、急激に駐車場設置率が上がることになった。都心部、郊外いずれの場合も、その多くは建物地下あるいは外部敷地内での上下2段、3段による機械式駐車場が中心になる。前節で述べた既存団地型マンションでの増設による設置率も50％以上、中には、60％を超える設置率も見られるようになった。

それらのマンション群が築30年前後の高経年化とともに、居住者の高齢化を迎え、自動車保有率が著しく低下し、中には駐車場に空きが出始めた。合わせて、機械式駐車場のメンテナンス費用、特に機器の更新費用が予め計上されていないマンションが多くあったことなどから、ごく最近の傾向の一つとして、機械式駐車場の継続が可能か否かが大きな問題になりつつある。郊外高経年団地型マンションの中で、前節に述べた敷地内棟北側緑地の一部での駐車場増設や、駐車場不足を隣接の地主との賃貸契約で補った範囲であれば、これらを序々に元に戻すことで、管理組合として収入の減少があるにしても、駐車場のメンテナンスや設備更新のための費用発生は避けられるが、駐車場の多くを機械式で賄っていて、駐車場収入を一般管理費や棟の建築・設備の修繕費用にのみ組み入れていて、駐車場自体の保守費用を計上していなかった場合は、撤去するにも多額の費用が見込まれることから、中には上下昇降の機械システムをそのまま埋め戻して平置き駐車場にせざるを得ないマンション管理組合も出ている。管理組合にとって駐車場問題は、不足していた時期も余りはじめた時も厄介な代物である。長期的な視点での対応

が必要となる。

(3) 費用負担

　様々な共用施設の新増設は、筆者の調査によれば、大規模修繕工事期でない時を見計らって、工事費用のほとんどを長期修繕積立金から一時借用をし、集会場の場合は利用料から、駐車場の場合は駐車料金から、それぞれ返済する方法が採られている。その場合の料金設定はわずかな値上げの範囲である。

　一方、前節で述べた機械式駐車場の更新費用を計上した場合は、一時的な修繕積立金からの借用だけでは成り立たず、機械式駐車場の使用料を更新費計上に見合った料金設定に大幅な値上げをすることで更新するか、これができない場合は前節にも述べたとおり、そのまま埋め戻すか、放置するしかない。何を選ぶかは、区分所有者間の合意形成が難しい問題である。

(4) 広報活動と合意形成

　改善行為に際しては、何処の管理組合も理事会によるかなり徹底した広報活動がなされている。その多くは、管理組合の広報紙の発行、住民説明会等、合意形成のための努力がなされている。

　改善のための一時金徴収が無くても、合意形成のための措置が管理組合運営の基本であることを物語っている。

## 5.2　耐震化への試み

　日本マンション学会の行政取組み研究委員会（筆者も委員）が2007年にNPO全国マンション管理組合連合会（略称：全管連）傘下の管理組合団体の協力を得て、全国の会員マンション管理組合を対象に「マンション管理組合の耐震診断・耐震改修に関する意識調査」を実施したことがある。1995年の阪神・淡路大震災から12年、2011年春の東北大震災をまだ経験していない

時期であるが、調査結果は、総じて耐震に対する管理組合の取り組み状況があまり進んでいないこと、地域によって耐震に対する意識がかなり異なることが浮かび上がった。一方、国や大型地震が予想される地域では耐震診断・耐震改修の支援策を講じているが、これも浸透していないことが分かった。

調査結果および各地域の実情の詳細は2009年4月開催の日本マンション学会大阪大会で発表されている〈文2〉ので、本章では総じてなぜ管理組合での取り組みが進まないのか、どうすればこれを促進できるのかについて述べておく。

(1) なぜ耐震への取り組みが進まないのか

アンケートで見る限り地域によって回収率に大きな差異が生じているが、その背景には、大地震で言われる「周期」から見て、関西・中国方面では経験した大地震後まだ15年程度なので、「今のところ早急に対応しなくともよさそうだ」との意識が見られそうである。

これに対し、北海道・東北や首都圏では大型地震が近いと言われることもあって回答が多く、関心の高さが読み取れた。

回答結果から見ると、管理組合理事会の耐震への関心はかなり高く、特に築年数の多いことによる不安が際立つ。具体的な不安材料としては、「ピロッティーのある建物による不安」の30%弱のほか、様々な要因が見られる。ところが具体的に行政に相談したかといえば、「ない」が80%近く、耐震予備診断を受けた管理組合が約3分の1であった。地域別調査結果で見ると、東北や首都圏では、半数又はそれ以上が予備診断を受けている。ところが本診断まで行った例は極めて少ない。最近になって国や自治体が一定の条件下ではあるがかなり積極的に耐震への取り組みを推奨しているが、それでも筆者が在住している横浜市の耐震支援策の現状を見ても、予備診断まではするが、例え本診断の必要が出てもそこまではなかなか進まない。まして本診断結果で耐震改修が必要になっても、工事にまで至る例はほんの一握りの管理組合という状況である。国の耐震改修支援制度も似た傾向である。

地域管理組合団体に加入しているマンションの管理組合は、比較的情報量

が多くかつ一般に管理意識も高いといわれる割には、行政で耐震のための支援策を講じていてもあまり積極的には動かない。それらの傾向はなぜか。マンションのもつ組織上、構造上の特徴とも言えるのである。簡単に言えば、本診断段階ですでに多額の費用がかかること、本診断の結果で改修工事の必要が生じたらさらに膨大な設計・工事費用が予想されること、また、学校建築や庁舎ビルなどと異なり、開口部のどこにでも筋交いや補強が出来るかといえば、区分所有者で構成されたマンションでは専有部分が多いことから、合意が得にくいなどが最大の特徴である。そうした特徴は、上記調査中の「耐震診断をどう思うか」や「……心配な点」にも如実に表れている。多くが「費用」と「合意形成」問題であり、合わせて「行政の大幅な補助」を訴えているのでる。

(2) メニュー方式による取り組みへの提言

　横浜市内の若葉台住宅管理組合協議会（1979年以来10数年に亘り入居した約5千世帯のマンションが主となる神奈川県住宅供給公社開発の集合住宅団地で、現在14のマンション管理組合で協議会を構成）の長寿命化・再生委員会では、2006年、耐震WG（筆者も参加）で図5.1に示す「マンション耐震診断・補強ワークフロー」による耐震改修促進のための指針を作成した。これは横浜市の全額補助による耐震予備診断（一次診断）を受けた後、必要に応じて幾つかの耐震補強のためのメニューを管理組合が選択し、著しい費用を掛けずに一定の耐震性を確保することで大地震発生時に人命に係わる建物破壊や建替えに至らずに復旧工事が可能な補強だけはしておく耐震補強策である。

　具体的には、予備診断後の本診断が必要になった時点で、設計コンサルタントに依頼して共用部分での耐震改修方法の概要を出してもらい、それを基に工事業者（ゼネコン）に対してプロポーザル方式（複数の工事提案と概算費用の算出）による提案を求める方式である。これには設計コンサルタントの参加の仕方によって、図5.1の方法②と方法③の2種類がある。方法②は、建築の専門家（多くの場合、大規模改修などの建築設計コンサルタント）が

建物の構造上のバランスと上下階での耐震壁の連続性を強めるなどの補強仕様を作成し、建設工事会社（ゼネコン）に工事の具体的な提案型工事方式（プロポーザル）を求め、コンサルタントが技術的なチェックをする方式である。方法③は、上記コンサルタントがアドバイザーになって、ゼネコンに初めから補強仕様を兼ねた工事プロポーザルを求め、コンサルタントが技術的判断をする方式である。いずれの場合も、いわゆる全面的な耐震構造設計まではせず、また、新耐震構造基準までの耐震性は求めない。②と③の違いは、旧耐震構造の予想される耐震レベル、設計料やコンサルタント料、工事費等の余力などを勘案して選択する。ちなみに方法①は、横浜市のマンション施策の一つとして、耐震化助成制度による新耐震基準をクリアする手法である。方法④は、専門家であるコンサルタントに依頼せずに管理組合だけの判断による方法で、危険がありかつ区分所有者への説明がつきにくいことから、事例として挙げるが採用はしない。

　仙台市内の旧耐震構造のマンションでは、かねがね宮城県沖の度重なる地震による被害経験から、NPO東北マンション管理組合連合会（略称：東北管連）の建築士に依頼し、新耐震基準に整合していれば国の補助金を受けられるが、そこまでの積立金や一時金の徴収ができず、当時積み立てた計画修繕積立金の取り崩せる範囲で、部分的な耐震補強を実施した後に、2011年春の東北大震災を受け、わずかの損壊で済んだマンション管理組合の例が幾つかある。

　首都圏でも、大規模改修工事などを手がけている建築士事務所が建築コンサルタントとして、部分的な耐震補強メニューの仕様を提案し、建設会社にプロポーザル参加を呼びかけ、仙台と同様に自前で補強した事例がある。これらの事例では、１階ピロティの、独立柱の補強巻き、耐震壁の増し打ち（厚さの増強）、上階に壁があり１階に壁のない面の鉄骨補強等が主体である。そうすることで、建物全体での構造バランスを保ちながら地震時に弱い箇所の補強をするものである。いずれも、新耐震基準には達していないが、予想される大地震に対して一定の耐震性が期待できる。

## 第5章 共用部分の改善・耐震化

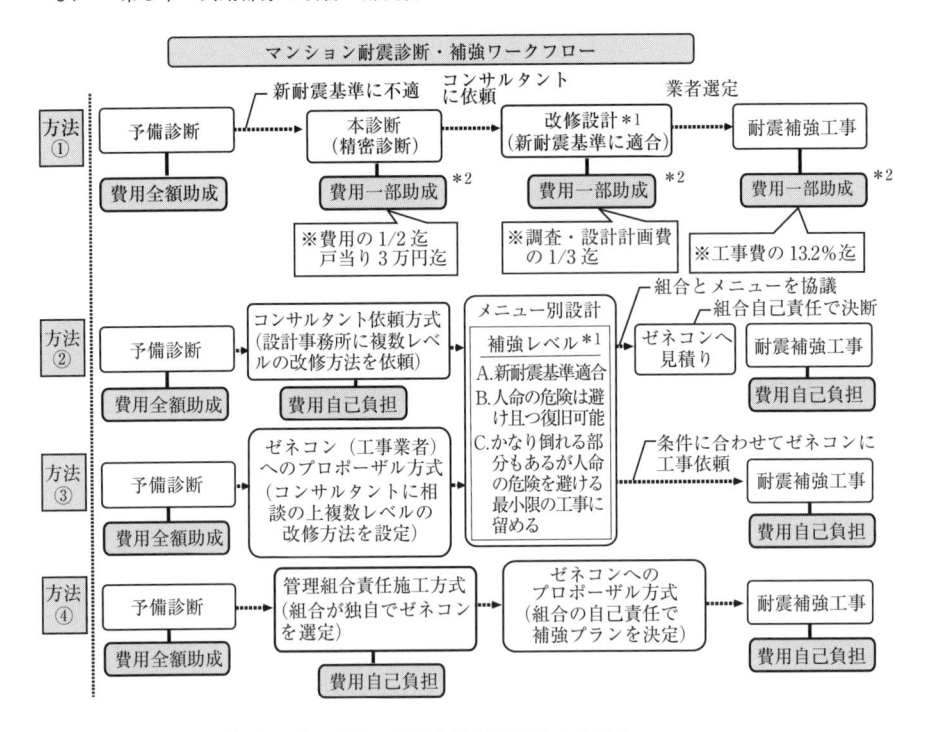

```
           マンション耐震診断・補強ワークフロー
```

[方法①]
予備診断 → 本診断（精密診断）→ 改修設計*1（新耐震基準に適合）→ 耐震補強工事
- 新耐震基準に不適 / コンサルタントに依頼 / 業者選定
- 費用全額助成 / 費用一部助成*2 / 費用一部助成*2 / 費用一部助成*2
- ※費用の1/2迄 戸当り3万円迄 / ※調査・設計計画費の1/3迄 / ※工事費の13.2%迄

[方法②]
予備診断 → コンサルタント依頼方式（設計事務所に複数レベルの改修方法を依頼）→ メニュー別設計 補強レベル*1 A.新耐震基準適合 B.人命の危険は避け且つ復旧可能 C.かなり倒れる部分もあるが人命の危険を避ける最小限の工事に留める → ゼネコンへ見積り → 耐震補強工事
- 組合とメニューを協議 / 組合自己責任で決断
- 費用全額助成 / 費用自己負担 / 費用自己負担

[方法③]
予備診断 → ゼネコン（工事業者）へのプロポーザル方式（コンサルタントに相談の上複数レベルの改修方法を設定）→ 耐震補強工事
- 条件に合わせてゼネコンに工事依頼
- 費用全額助成 / 費用自己負担 / 費用自己負担

[方法④]
予備診断 → 管理組合責任施工方式（組合が独自でゼネコンを選定）→ ゼネコンへのプロポーザル方式（組合の自己責任で補強プランを決定）→ 耐震補強工事
- 費用全額助成 / 費用自己負担 / 費用自己負担

*1: 震度6の大地震程度に対し建物の倒壊を防ぎ圧死者を出さない。
*2: 昭和56年5月末以前に建築された建物で地上3階以上且つ1000 ㎡以上の区分所有法が適用される分譲マンションに限定。

図5.1 メニュー方式による耐震診断・補強策の事例

### (3) む す び

国や自治体が進める補助金による支援策がややもすれば「all or nothing」どころか、「all but nothing」に近いのに対して、上記(2)のメニュー方式は、少しでも耐震性を高めることで最悪の事態だけは防ごうという、既存マンション管理組合の運営の実態に合せた手法である。大阪では戸建住宅を対象に、新耐震基準を満たさなくともある程度の補強工事に対して補助支援をしている例もあると聞くが未だマンションにまで普遍化されてはいない。メニュー方式は必ずしも新耐震基準に整合するわけではないので、「ある程度の破壊は管理組合の自己責任の範囲で起こりうる」ことを明記する必要がある

が、その範囲ででも、国や自治体の支援策もこのようなメニュー方式に対して一定の枠の範囲で補助金等の支援策を講ずるべきである。今のままでは、施策は確かに作ったが、利用者が皆無に近く、大震災に対する備えにはならないからである。(本稿の一部は、拙著建設技術新聞'080114'号特集に掲載)

**参考文献**
〈文1〉報告書「マンションとその居住改善実態調査」、発行：(財) 日本住宅総合センター、執筆：分譲集合住宅居住環境実態調査委員会 (日本建築学会分譲集合住宅居住改善実態調査委員会、筆者主査、他)、1995年4月
〈文2〉日本マンション学会大阪大会分科会報告「管理組合における耐震改善等取組状況」『日本マンション学会誌』第33号、pp.166〜190 (筆者執筆：まとめ pp.189〜190)、2009年4月

# 第6章　専有部分の増築

## 6.1　研究の背景と目的

　わが国のマンションストックは、国土交通省の推計によると、2012年末現在で、約590万戸に達するものと言われている。それらのストックに対して、最近様々な法律が整備された。2000年12月制定（2001年8月施行）の「マンションの管理の適正化の推進に関する法律」（以下、マンション管理適正化法という）、2002年制定の「マンションの建替えの円滑化等に関する法律」（以下、マンション建替え円滑化法という）、さらに2002年改正（2003年4月施行）の「建物の区分所有等に関する法律」（以下、改正区分所有法という）などである。ここへ来て急にこれらの法を整備した背景には、マンションが都市型住居の典型の一つになりその居住者が1千万人を超えつつあること、ストックの中で、そろそろ築30年を超えるマンションが100万戸に達することから、それらの建替えを射程に入れる必要が出てきたことなどが見られる。

　しかし、マンション管理適性化法はともかくとして、後の2法の制定や改正は、建替えを射程に入れたものであっても、現実には極めて限られた条件で初めて建替えが成立するのである。そもそも、築後30年程度で建替えに至らざるを得ないストックはむしろまれであり、大多数はすでに30年経過しても適正に維持管理されており、さらにより長く使われる可能性がある。否、使われるべきである。わが国では、住宅の寿命を30年前後と見るきらいが根深くあるが、それは、敗戦後の住宅困窮時代に建設された木造住宅の多くが劣悪で、経済成長とともに建替えられてきた結果、住宅の平均寿命がこれまで短かったこと、RC造であっても、1960年代の公団・公社のアパートメントハウスは、賃貸住宅で、より居住水準の高い集合住宅への建替えを政策的

に行ってきたこと、事務所建築に代表される建物の建替えは、経済的効率が優先されていたこと、などであり、必ずしもRCの集合住宅、特にマンションが30年程度で建替えなければならない必然性は乏しいというべきである。マンションの中には、これまで100例程度の建替え事例もあるが、その全てが専有部分の面積が狭小で、かつ指定容積率にかなり多くの余剰床があったことから、それを使って夫々の専有面積増を図ると同時に、等価交換によって住戸数を増しその分譲価格分を従前区分所有者に分配し、建替えに伴う従前区分所有者の経済的負担を無くすか、相当数軽減することで成立したものである。現在も、1970年前後に主として大都市部郊外に団地型として供給されたマンションの中には、専有部分の面積50㎡以下のいわゆる最低居住水準以下のものがストックとして存在するが、バブルの弾けた今日、それらの中で上記の等価交換によって建替え可能な物は僅かでしかない。狭小面積の解消には、等価交換の比率の少ない自力建替えか、他の方法によるしかないのである。しかもマンションでは、それらの全ての行為に際して「区分所有者の合意」が前提になるのである。

そうした背景から、筆者等はかねてより、マンションの「長寿命化」と、それに伴って、居住者のライフスタイルや時代の変化などに対応した「器としてのマンション」の改善・改良を目途とした「再生」を提唱してきたところである〈文2、文3〉。今回の研究目的は、それらの事例の一つとして、専有部分の増築事例を調査・分析することで、長寿命化と再生の一手法を示すことにある。

これまでにもマンションの増築に関して若干の研究報告がある〈文4、文5〉が、それらは、増築時の部分的ヒアリングか、再生手法の1例として概括的に捉えたかの何れかであり、増築例を総括的に分析したものはない。

## 6.2　調査方法と調査管理組合の概要

マンション専有部分の増築事例はまだ極めて少ない。マンションの管理

は、区分所有者の合意によってのみ行われること、特に、増築にみる改善行為は議決事項の中で重要事項にあたり、管理組合構成員（区分所有者）の4分の3以上の合意決議と、当該棟の全員の合意が必要であること、さらに例え小面積であっても、敷地に余剰床がなければ成立しないことなどが、事例があまり見られない要因である。

そのような中で、現都市基盤整備公団（建設当時の日本住宅公団、調査時点で日本住宅・都市整備公団、以下、住都公団という）が分譲した団地型マンションの中に僅か数例の増築例が見られる。今回、首都圏で比較的増築件数の多いTa団地（以下Taという）、Ni団地（以下Niという）、Fu団地（以下Fuという）の3団地管理組合（首都圏では、他に1棟のみ成功した団地管理組合の事例が僅か1例あるのみ）を対象として、管理組合理事へのヒアリング・資料収集等を行った。調査は、2002年7月～10月、調査管理組合の概要と増築戸数は、表6.1の通りである。

ヒアリングは、予め用意した、①増築に至った要因、②増築への取り組み経過、③増築結果の効果、④増築後の動き、⑤自治体の対応、などの設問を基に、当時の関係者から聴取する方法を取った。〈文1〉

## 6.3　調査結果に見る特徴

### 6.3.1　増築事例の共通事項[注1]

**(1) 団地管理組合としての背景**

上記3団地の事例に共通する背景としては、下記の諸点が指摘される。（表6.1）

① 日本の高度成長に伴い実施された持家政策の一環で、1970年～1973年に住都公団によって建設供給された、いずれも千戸を超える郊外大型の団地型マンションであること

② 専有面積は、いずれも50㎡以下の、今では4人家族であれば狭小面積

表6.1 調査団地管理組合の概要と住戸増築戸数

| | Fu | Ni | Ta |
|---|---|---|---|
| 住所 | 東京都 | 埼玉県 | 千葉県 |
| 分譲 | 住宅・都市整備公団 | 住宅・都市整備公団 | 住宅・都市整備公団 |
| 入居年度 | 1970年（昭和45年） | 1970年（昭和45年） | 1973年（昭和48年） |
| 棟数 | 53棟 | 35棟 | 47棟 |
| 住戸数(A) | 1199戸 | 1010戸 | 1430戸 |
| 増築戸数(B)(B/A%) | 79戸（6.6%） | 310戸（30.7%） | 470戸（32.9%） |
| 戸当り専有面積 | 48.85㎡（950戸）<br>48.65㎡（249戸） | 48.85㎡ | 48.85㎡（RC造）<br>51.19㎡（PC造） |
| 増築棟専有面積 | 73.86㎡ | 76.32㎡ | 77.5㎡（RC造）<br>79.84㎡（PC造） |
| 敷地面積 | 101961.86㎡<br>460442㎡<br>（一団地認定後） | 85308㎡ | 123279.3364㎡ |
| 住戸タイプ | 3DK | 3DK | 3DK |
| 構造 | PC造・一部RC造 | RC造 | PC造・RC造 |
| 用途地域 | 第2種住居専用地域 | 第2種低層住居専用地域 | |
| 指定建蔽率 | 20% | 20% | |
| 指定容積率 | 50% | 60% | |
| 組合費 | 4300円 | 3000円 | 3500円 |
| 組合費（増築棟） | 6900円 | 4900円 | 5500円 |
| 修繕費 | 11000円 | 5000円 | 8000円 |
| 修繕費（増築棟） | 17000円 | 8100円 | 12700円 |
| 管理体制 | 自主管理 | 自主管理 | 自主管理 |

　の対象となるストックであること
③　全て公団の開発分譲であること
④　管理形態として、いずれも自主管理であること
⑤　現在の指定容積率と建設時の実施容積率との間で若干の余剰床（容積）を保有していたこと[注2]

(2) 増築に至る背景と過程

　3団地の事例とも、増築のための最終総会議決は、1986年（Ta）、1987年（Fu）、1989年（Ni）に集中している。一方、増築のための初動期としては、Ta、Fuの2管理組合が1983年、Niが1987年、それぞれ着手。前2管理組合は、大阪の増築成功例Si団地の見学から始まっているが、この時期は、前述の等価交換による建替えが集中した頃である。また、当時の建設省が、住宅建設5期5カ年計画（1985年）以来の狭小住宅（4人家族で50㎡以下）解消を掲げた時期でもある。このような背景から、当時の住都公団は、Taを初め、他の2例に対しても、増築実現に向けて全面的な支援体制を組んだ。増築部分の基本計画、構法、建設費用の支払い方式他、この種の企画に際して行われる、コンサルタントとしての役割と分譲主としての支援策を同時に展開しているのが特徴である。

　ヒアリングに寄れば、3例とも増築の最大の根拠は、狭小住宅からの脱却にある。調査時点は、増築活動のピーク時からわずか10年前後であるが、増築運動は一段落し、その後は落ち着いた状況である。平均的には、ライフサイクルで見た時の家族構成が最大となる時期を過ぎたこと、居住者の高齢化が進んでいること等が背景にあると思われ、現在これらの団地で建替えの話は全く無い。

(3) 管理組合の取り組み

　一方、増築主体である管理組合は、概略以下のような取り組みを行った。ここでは、初めに取り組んだTaを基に、他の2管理組合の特記すべき点を加え、それぞれの時期での具体的な活動事例を初動期から実現まで経年的に記述しておく。なぜなら、これら3管理組合は、初めに取り組んだTaを他の2管理組合がそれぞれ踏襲し、かつ各管理組合の状況に合わせて、増築への活動を展開したからである。また、住都公団もTaの事例を首都圏での初のケースとして取り組んでいる。

　① 管理組合中初めに取り組んだTaでは、1983年、上記の見学会とその

結果について管理組合の広報誌などで広く広報活動を展開した。他の2管理組合は、概ねTaの動きを参考に活動を始める。

② Taでは、翌1984年1月、「Ta住宅の増築を考える会」を理事会とは別働隊として発足、その後、居住者に対する各種アンケートを実施しながら、次第に理事会の公的承認を得る形式に移行。この過程で、上記「考える会」は、「増築を考える協力者の集い」を経て、同年8月、理事会で「増築委員会」として設置を承認された。以降、増築委員会の活動として、規約改正の検討、住都公団との折衝、住宅金融公庫との情報交換、地方法務局や当該自治体への働きかけ、増築部分の平面プラン・工事費概算と資金調達方法等の検討と広報活動などを精力的に展開。1985年4月には、同委員会による住民説明会を実施した。

Fuでは、1983年7月、理事会の下に「建築委員会」を設置。Siを見学する一方、1984年5月住都公団に対し、増築に関わる法的問題の見解を質す。その後、住都公団による増築プランを基に居住者アンケートの実施を経て、建築委員会とは別に全団地レベルの「増築小委員会」を設置。増築小委員会の下で、増築への準備を始める。1986年の総会で、以下の要点を提案するが、賛成891票で、議決に必要な4分の3（900票）を得られず、廃案となる。提案要旨は以下の通り。

① 共有地に建物を増築する。
② 増築実施のための一連の手続きに際し、代表者を理事長とし、その業務を理事会に委任する。

同年、「増築委員会」を「増築推進委員会」に名称変更し、新たな活動を展開。再度アンケート活動を初め、居住者への増築、Q＆A集刊行、資金計画、号棟別保全役員と推進委員会との話し合いなどを続ける。後述する総会決定後、「増築推進委員会」を「増築準備委員会」に変更。増築実施段階での棟ごとの合意形成に入る。

Niは、他の2事例に遅れて1987年から活動を始める。「増築に関する調査活動を管理組合が行う」の総会提案のための意識アンケートから実施した。結果は、回収率84.3％、増築に賛成64.5％、早急にやるべきが54.6％を得

る。1988年の総会で、「居室増築に関する調査を行う」提案を80％の賛成で可決し、増築問題調査委員会を設置した。アンケート、Taの増築モデルルーム見学、建築協定他を検討した。後述する総会決議を経て、1989年7月、「増築問題対策委員会」を設置。住都公団、市・県への働きかけ、資金融資、設計内容などの検討を行う。

これら、3管理組合に共通する取り組み方は、①増築問題への着手に際して、区分所有者の意思確認を慎重に行っていること、②3例中ほぼ同時期に着手した2例では、管理組合理事会が直接関わらず、第3者機関を設けて、居住者の意識調査を初め、対外的な折衝、具体的な計画を集中的に行い、最終段階で、初めて理事会・総会等の手続きに入っていること、③この間、住都公団との頻繁な連絡・支援を仰ぎ、同時に地元の自治体に実現のための様々な要請・論拠付けを働きかけていることなどが見られることである。

既存専有部分と増築部分の典型的な平面形を図6.1に、増築部分の写真を

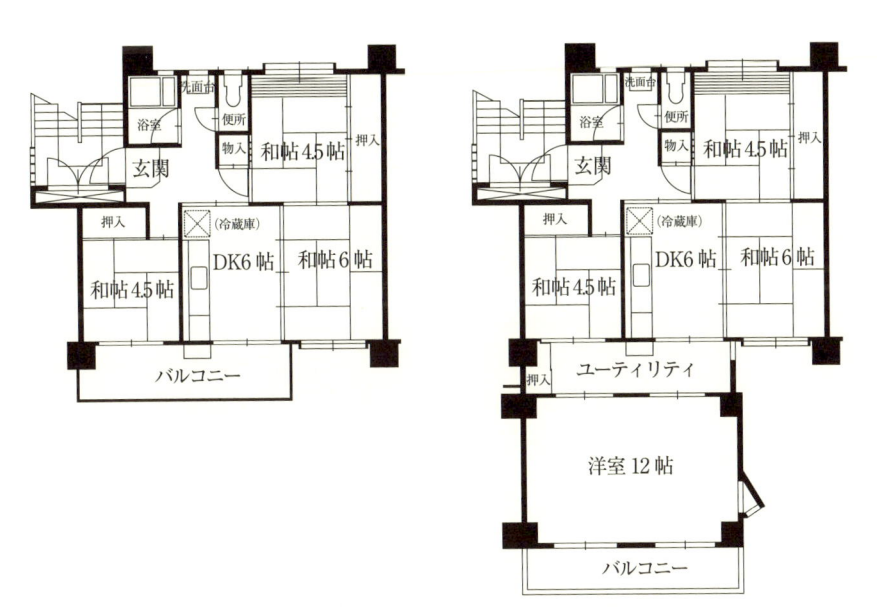

図6.1 Fu専有部分の既存平面型（左図）と南面増築平面型（右図）
注：増築部分の平面型は、その他に2室取り、洋室・和室等の選択あり。

写真6.1 住棟南面の増築部分(Fu)

写真6.2 既存棟の南面部分(Fu)

写真6.1に、既存部分の写真を写真6.2にそれぞれ示す。

## (4) 総会決議事項

 Taでは、1986年の総会で管理規約の改正と以下の事項を議決。議決に際

しては、共有部分の変更についての重要事項決議である4分の3を適用。主な議決事項は以下の通り。
① 既存バルコニーの一部専有化に伴う共用部分を変更する
② 増築によって専有部分に変更があっても、敷地持分は変更しない
③ 全住戸で増築可能なマスタープランを作成し、その範囲内で各棟ごとに全員合意を得た棟から順次増築を行う
④ 全ての棟に増築の権利を与えていることから、早い時期に増築を行っても、共有地の敷地使用料は取らない
⑤ 専有部分の増床分に合わせて管理費等は増額する
⑥ 登記については、全棟の増築を前提にしていることから、完成時には持分比率に変更が無いこととし、したがってその間、登記を行わない

Fuでは、1986年の総会での廃案後、前述の活動を再出発の上、1987年の総会で、以下の諸点を承認した。
① 規約改正・建築協定の一部改正
② 住棟ごとに全員合意した棟から漸次増築すること
　①は賛成955票、②は賛成926票で、何れも可決

Niでは、1989年の総会で、下記の諸点を提案
① 建築協定一部改訂
② 組合規約の一部改定（計3件の案件）
③ 増築に伴う組合管理物の変更
④ 増築問題対策委員会の設置
結果は、若干の違いはあるが、800票前後で全て可決した。

(5) **自治体の対応**

前述した通り、3事例とも実現に向けて各々の当該自治体に対して法的にあるいは行政上の支援を要請し、各自治体がこれに応えていることが特徴である。その論拠は、①狭小な住宅を改善することにより永住可能になること（Fu、Ni）、②開発に当っての一団地認定を生かしながら、余剰容積率を最大限有効に使うことを許容していること、③日照規制に対し若干触れるとこ

ろも見られるが、団地全体として当事者の居住水準向上の観点から、なんとか整合性の取れる方向へと好意的に解釈したこと、などが指摘できる。ちなみに今回の調査では割愛したが、首都圏で増築実現した4つめの管理組合では、当該自治体とのやり取りで、やや杓子定規の手続きを求められたため、最南面・端立地の1棟のみの増築で管理組合が疲れてしまい、折角の居住水準向上への取り組みが頓挫した例がある。今回の増築事例を見て、如何に当該自治体の対応が重要な役割を担うかが改めて問われる所以である。

## 6.3.2　増築事例の比較[注3]

### (1)　増築実施戸数

3事例について、増築実施戸数と全住戸に対する実施率を見ると、Taが1430戸中450戸（31.5%）、Niが1010戸中310戸（30.7%）と、それぞれ30%強の実施率なのに対し、Fuは1199戸中79戸（6.6%）で、実施率が極めて少ない。居住者の置かれた条件、周辺事情、その他要因が異なるものもあるが、ヒアリング結果によればこの差の最大の理由は、前2者では棟ごとの全員合意を得るために、棟の中の増築非賛成者と他の棟の増築賛成者の住戸交換が積極的に行われたのに対し、Fuでは全住戸の増築を建前としたことから、むしろ住戸交換を避けた経緯があった。

管理組合としては原則として非賛成者への直接働きかけはどこも行っていないが、前2者では棟の中の合意形成に際して世話人たちの情報交換が実施の有無に寄与したようである。逆に、Fuでは住戸交換が1例のみ行われたことを非公式に掌握していた。（**表6.1**）

### (2)　棟別住戸数

増築が棟ごとの全員合意を前提とすることから、棟の階段室数別実施率を見た。（**表6.2**）

1階段室（10戸）で構成される棟の実施率はそれぞれ平均実施率より極めて高く（Ni：100%、Fu：53%）、次いで2階段室（20戸）構成がそれぞれ

表6.2 階段室数別増築実施棟数とその比率

| 団地管理組合名 | 階段室数 | 全棟数 | 増築棟数 | 実施率 |
|---|---|---|---|---|
| Ta | 1階段室 | 0 | — | — |
|  | 2階段室 | 14 | 6 | 43% |
|  | 3階段室 | 21 | 8 | 38% |
|  | 4階段室 | 8 | 1 | 13% |
|  | 5階段室 | 4 | 1 | 25% |
| Ni | 1階段室 | 1 | 1 | 100% |
|  | 2階段室 | 11 | 5 | 45% |
|  | 3階段室 | 14 | 4 | 29% |
|  | 4階段室 | 9 | 2 | 22% |
|  | 5階段室 |  |  |  |
| Fu | 1階段室 | 7 | 4 | 57% |
|  | 2階段室 | 26 | 2 | 8% |
|  | 3階段室 | 14 | 0 | 0% |
|  | 4階段室 | 5 | 0 | 0% |
|  | 5階段室 |  |  |  |
| 全体 | 1階段室 | 8 | 5 | 63% |
|  | 2階段室 | 51 | 13 | 25% |
|  | 3階段室 | 49 | 12 | 24% |
|  | 4階段室 | 22 | 3 | 14% |
|  | 5階段室 | 4 | 1 | 25% |

平均実施率を大きく上回る（Ta：43％、Ni：8％、Fu：43％）。逆に4階段室（40戸）、5階段室（50戸）になると、実施率が平均を下回り（0％～25％）、Fuでは3階段室、4階段室とも皆無である。戸数が多くなると如何に合意が難しくなるかを物語る。棟ごとの合意形成を前提する場合の構成戸数が成功の可否に大きく関わる。

表6.3 既存棟住戸と増築棟住戸の中古平均売買価格 （2000年～2002年成立分）

| | Fu | | Ta | | Ni | |
| --- | --- | --- | --- | --- | --- | --- |
| | 既存棟 | 増築棟 | 既存棟 | 増築棟 | 既存棟 | 増築棟 |
| 売買成立戸数(成立%) | 85戸(7.6%) | 6戸(7.6%) | 52戸(5.8%) | 26戸(5.8%) | 63戸(9%) | 11戸(5.2%) |
| 1㎡当り平均価格 | ¥183,923 | ¥221,351 | ¥190,021 | ¥211,562 | ¥203,535 | ¥210,770 |
| 販売格差 | 1.20倍 | | 1.11倍 | | 1.03倍 | |
| 平均価格 | ¥8,929,000 | ¥16,367,000 | ¥9,459,000 | ¥16,738,000 | ¥9,943,000 | ¥16,482,000 |
| 平均価格の差額 | ¥7,440,000 | | ¥7,280,000 | | ¥6,502,000 | |
| 投資額 | 590万円～690万円 | | 498万円～647万円 | | 640万円 | |

## (3) 売 買 価 格

　各事例の増築棟住戸（表中の増築棟）と既存棟住戸（非増築棟住戸）のそれぞれの中古成立売買価格について2000年から3年間のデータを聴取・比較し、合わせて増築当時の最も平均的な増築工事価格を比較した。（**表6.3**）

　いずれも増築住戸と非増築住戸との間に中古住戸の売買成立件数自体に特徴的な差は見られない。3年間にTaが平均6%弱、Fuが平均7.6%、Niだけは、増築住戸が5%に対し非増築住戸が9%であった。

　一方、増築住戸の専有部分面積は約74㎡～79㎡で、非増築住戸の約49㎡に比べ、1.5倍以上の専有面積となる（**表6.1**）が、成立売買価格はいずれもそれ以上である。単位面積当りの価格は最も低いNiでも1.03倍、Taで1.11倍、Fuに至っては1.2倍の価格になっている。しかもその差は、いずれも工事価格を上回り、その意味では増築による交換付加価値を得られたということが言える。

## (4) その後の転出入

　1999年から3年間に得られたTa、Fuの全住戸に対する転出入戸数を各管理組合広報から集計した。（**表6.4**）

　ヒアリング段階では、どの管理組合も概ね増築住戸の方が定着率が良いと回答していたが、転出入を数字的に見る限り、前項でも述べた通り、差は見

表6.4 Fu、Ta の最近 3 年間の転出入戸数（1999年～2001年）

|  |  | Fu | | | Ta | | |
|---|---|---|---|---|---|---|---|
|  |  | 既存棟 | 増築棟 | 全体 | 既存棟 | 増築棟 | 全体 |
| 転出 | 1 階 | 17 | 0 | 17 | 35 | 15 | 50 |
|  | 2 階 | 23 | 1 | 24 | 34 | 11 | 45 |
|  | 3 階 | 23 | 3 | 26 | 28 | 10 | 38 |
|  | 4 階 | 20 | 1 | 21 | 55 | 7 | 62 |
|  | 5 階 | 24 | 2 | 26 | 32 | 8 | 40 |
| 転入 | 1 階 | 18 | 1 | 19 | 39 | 14 | 53 |
|  | 2 階 | 20 | 1 | 21 | 36 | 16 | 52 |
|  | 3 階 | 22 | 3 | 25 | 29 | 13 | 42 |
|  | 4 階 | 29 | 2 | 31 | 57 | 11 | 68 |
|  | 5 階 | 32 | 2 | 34 | 30 | 8 | 38 |

注：転出入の間に空家の状態もあり、それぞれの総数は必ずしも一致しない

表6.5 同一団地管理組合内の転居（1999年～2001年）

|  | Fu 内転居 | | | | Ta 内転居 | | | | | | | | | | |
|---|---|---|---|---|---|---|---|---|---|---|---|---|---|---|---|
| 転居前 | 既存棟5階 | 既存棟3階 | 既存棟3階 | 既存棟1階 | 既存棟4階 | 既存棟3階 | 既存棟4階 | 既存棟1階 | 増築棟3階 | 増築棟1階 | 既存棟2階 | 既存棟1階 | 既存棟3階 | 既存棟1階 | 既存棟4階 |
| 転居後 | 既存棟2階 | 既存棟5階 | ★増築棟3階 | ★増築棟1階 | ★増築棟2階 | ★増築棟2階 | ★増築棟2階 | ★増築棟1階 | 増築棟1階 | 既存棟4階 | ★増築棟3階 | ★増築棟4階 | ★増築棟2階 | ★増築棟1階 | ★増築棟5階 |

注：★は既存棟から増築棟への転居

られない。ただし、転出入に際し非増築住戸から増築住戸への転居の例が幾つか見られ、同団地内でのより大きな住戸への移動による団地内定住性は非増築住戸より若干多いと見ることができる。（表6.5）

### (5) 余剰床の扱い

　増築に際して、3団地とも開発時の一団地認定を生かし、かつ指定容積率と既存容積率の差の余剰床を使って計画しているが、その取り扱いは団地によって微妙に異なる。Ta は埋立地であることから周辺も含めた広域一団地であり、全体の余剰床とそれぞれの団地ごとの余剰床が原則として一致しているので、Ta のみの増築もその範囲で行っている。Fu は隣接の併存公団賃貸との一団地認定なので、全体の余剰床をそれぞれの地区ごとに使うことを前提にその範囲で実施している。これに対し、Ni は公団賃貸との併存であるが、全体では余剰床があっても分譲部分では余剰がなく、賃貸部分の増築の可否を確認のうえ、その余剰床を一部分使って初めて増築を可能にしている。このように一団地認定による開発では、その後の建替えや、増築に際して実状に合わせて、当該自治体の解釈と取り組み方が異なることも成功の可否に影響している。

## 6.4　今後の課題

### (1) 法的・政策的取り組み

　今回の調査は、背景と目的でも述べた通り、既存マンションの建替えが容易ならざることを前提に、むしろ長寿命化を求めると同時に長寿命化に伴う再生の道筋を立てるために、その一例として、専有部分の増築によって居住水準向上を図る手法について、これまでの事例を分析したものである。その結果、次のような課題が見られた。

① 増築は、現在の区分所有法上、団地管理組合の改善の関わる重要事項決議（4分の3条項）と当該棟の区分所有者の全員合意が前提となる。

② 最近立て続けに成立あるいは改正された建替え円滑法、改正区分所有法では、建替えのための支援を目途とした様々な条項、優遇措置が講じられている。例えば、団地型マンションでの棟別建替えのための議決を

団地全体の 4 分の 3、かつ、棟ごとの 5 分の 4 決議と非参加者に対する買取り請求権行使などである。
③　建替えでなく、改善としての増築で棟全員の合意が前提になるのは、区分所有法にその取扱いがないために、民法に戻って私有財産の処分に関する条項が適用されるという、区分所有法上の欠陥が指摘できる。
④　さらに建替え円滑法による様々な行政上の適用があるのに対し、増築では全く措置されていないという面が指摘できる。
⑤　管理適性化法でも、維持管理を円滑に行いその結果としての長寿命化に寄与することができても、再生のための語句すら見られないのが実状である。
⑥　こうした動向を見ると、まだ、長寿命化と再生は具体的な方策としてテーブルに乗っていないと見るべきであろう。

今回の調査と報告を機会に上記指摘事項を関連法として、あるいは政策として改善するための啓発活動が必要である。

(2)　**再生の事例調査と啓発活動**

マンションの長寿命化と再生を目途とした研究はまだ緒についたばかりである。再生については、増築のほかにも、専有部分の改造、設備の増設、共用部分の種々の改善等、様々な実施例があり、本書の第 4 章、第 5 章で述べている。これらを参考にして、再生のための啓発が必要である。

(3)　**動的管理（Dynamic Management）の導入**

今後再生を実施するためには、マンション管理の進め方について、これまでの維持管理・保全のみを目途とした管理手法には自ずと限界がある。筆者が提言している「動的管理（Dynamic Management）」（本書第 2 章参照）の導入が必要となる。簡単に言えば、管理の原点自体を動的に捉え、時代に即した管理手法の導入とそのための合意形成を図ることである。

## 注

1) 記述した特徴は、いずれも調査時点で行ったヒアリング結果、管理組合の広報誌他の提供資料などによる。
2) Taは、周辺の集合住宅団地を含めた広域埋立地の一団地認定のため、当該管理組合では建蔽率、容積率を把握しておらず、調査時点で不明。
3) 記述した各項目別特徴は、前項同様、調査時に得た各管理組合資料と、別途収集した不動産取引結果の資料による。

## 参考文献

〈文1〉論文「マンション専有部分の増築事例:マンションの長命化と再生に関する研究—1—」山本育三、新谷典也(関東学院大学『大沢記念建築設備工学研究所報』NO.27号、2003年3月、pp.95~102)、日本建築学会編『集合住宅のリノベーション』(共著・技報堂出版、2004年3月、拙著:第2章「マンション専有部分の増築」pp.72~83)、及び関東学院大学大学院工学研究科建築学専攻2002年度新谷典也修士論文「長経年マンションの生涯計画に関する研究—団地型マンションにおける長命化、再生と建替え取組み事例—」

〈文2〉山本育三他「マンションとその居住改善実態調査」((財)日本住宅総合センター、pp.56~131、1995.4)

〈文3〉山本育三:同上、pp.2~3/山本育三「マンションを100年もたせる」(日本マンション学会マンションストック評価研究会・(財)マンション管理センター共編『100年マンションと履歴情報』pp.181~183、2002.5)

〈文4〉松本恭次「分譲集合住宅ストックの相対的低水準化と共同増築の経済性」(『マンションの増築・建替え』清文社、pp.33~39、1998.9)

〈文5〉近江隆他「区分所有建物の部分建替え(3)—増築について—」『マンション学第14号』(日本マンション学会論文集、pp.71~82、2002.11)

# 第 7 章　共用部分と専有部分の管理領域

## 7.1　はじめに―研究への端緒

　マンションは、区分所有法により、所有上、区分所有者の居住する専有部分と区分所有者全員が共有する部分（法律用語でこれを共用部分という）があり、さらに使用上、共用部分については、その一部に特定の区分所有者が専用使用する部分があることが広く知られている。所有上の専有部分については、その境界の取り方に構造体心々区分説、構造体表面説、仕上げ面説の3つがある。これについては、第1章1.1(3)でそれらの概念を解説しているが、本章の研究と関連するので、あらためて若干記述しておく。（図7.1）

① 構造体心々区分説：隣接住戸、上下住戸間の構造壁、構造床の中心で、それぞれの住戸の専有部分を仕分ける方法――今日、あまり採用されていない。

② 構造体表面説：主たる構造体を区分所有者の共有とし、それらの表面から室側の造作部分を含めた室内側を専有部分とする方法――今日、最も採用されている方法である。

③ 仕上げ面説：壁紙、じゅうたん等の内装材からを専有部分とし、構造体部分のみならず造作の主要な下地部分までを共用部分とする方法――①と同様、今日あまり採用されていない。

　しかし、上の②を採用していても、例えば30年経過のマンションで、直接躯体コンクリートにタイルを張る形式の浴室の防水層や、外壁に直接貼り付けることで造作内に入れる断熱材が専有部分か共用部分かで解釈が分かれることがある。

　このように現在もっとも多く採用されているのが構造体表面説であるが、現実には曖昧な箇所がままあり、特に、共用部分と専有部分との境界は、し

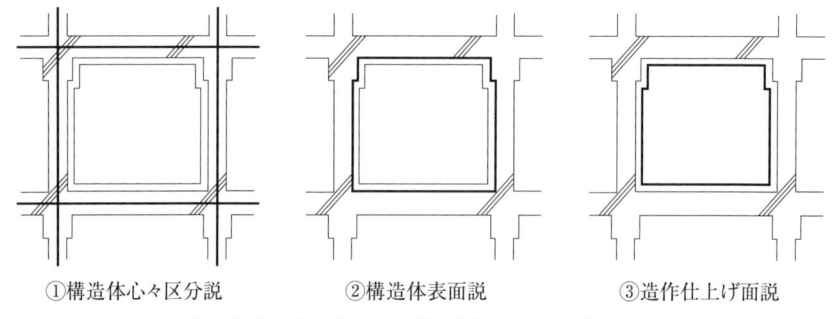

①構造体心々区分説　　　②構造体表面説　　　③造作仕上げ面説
**図7.1　専有部分と共用部分の境界部分（太線は境界位置を示す）**

ばしば争点になる部分である。共用部分は区分所有者によって構成される管理組合が管理し、専有部分は各区分所有者に管理が任されており、原則として管理組合は専有部分に立ち入らないこととされている。しかし、現実には、これも大規模改修時に共同で専有部分の改修を行ったり、共用部分との境界部分では、しばしば管理組合の管理の対象にしたりすることがあり、その場合、総会で決め、所有上の共用部分に位置づけしたり、最近は規約で共用部分とする管理組合も散見されるようなってきた。特に、今後マンションの長寿命化に伴い、設備の更新やサッシの交換、改善等が多くなるのに従い、管理組合による専有部分まである程度踏み込んだ共同の管理が必要になってくるものと考えられる。最近は標準管理規約でも若干専有部分に立ち入って管理組合による管理が出来るようになってきた。

　本研究は、そのような背景により、約20年前、まだ管理組合による管理が共用部分に限定し、構造壁などに給湯器の配管のための穴開けが禁じられていた時代に、管理面から見た管理領域についての提言を行い、合わせて実態調査による現状の分析を続け、発表することで、啓発してきたところである。本章では、筆者の提言と実態調査結果に見られた特徴を紹介する。

## 7.2 管理領域概念の提言

　マンションでは、所有上の専有と共有（区分所有法では、これを「共用」とされているが、本論では特に専有部分との対比のため、以下「共有」と表示する）、使用上の専用使用と共用使用の概念が区分所有法、及びこれに基づく管理組合の管理規約で定められているが、これら2つの概念は完全には一致せず、一部に範囲が異なる部分がある。例えば、バルコニーやタウンハウスの専用庭は所有上は共有しており、かつ専用使用の対象である。管理組合理事会と当該区分所有者間でトラブルが起こるのは、この2つの概念の混乱による場合が多い。

　さらに、上記の2つの概念と関連して、管理の面からは、管理組合による共同の管理と区分所有者による個別の管理という、新たに管理の領域概念が必要であり、これを本論では、「共同管理」、「私的管理」と表示し、管理規約の改定や集会決議でその対象となる部分を予め明記しておくよう提言す

表7.1　マンションの使用上、所有上、管理上の領域概念

| | 〈イ〉 | 〈ロ〉 | 〈ハ〉 | 〈ニ〉 |
|---|---|---|---|---|
| 対象部分 | 基礎・柱・梁・壁・屋根等の主要構造部<br>EVホール・階段・解放廊下・道路・緑地等の共有（共用）部分 | バルコニー・専用庭・タウンハウスの屋上庭等の専用使用部分<br>玄関ドア・接続パイプ・浴室防水・専有と共有との境界部分（管理組合により専有も可） | 室内防火用警報器・ガス漏れ・煙・熱感知器等のセンサー・セントラルヒーティングの室内部分等、個別の損害が全体の損害に直接影響を及ぼす部分 | 専有空間内の居住部分・室内の仕上げ・造作・キッチンや洗面便所の設備機器等 |
| 使用上 | 共用 | 専用 | | |
| 所有上 | 共有 | | | 専有 |
| 管理上 | 共同管理 | | | 私的管理 |

る。この管理領域の概念もこれまでの所有領域概念、使用領域概念とは若干異なるものと考えられ、所有上の専有部分に若干食い込むことになる。**表7.1**にこれら「使用上」、「所有上」、「管理上」の異なる概念とその対象部分を整理しておく。後者ほど「公」が「私」の領域を上回るものと考えられる。

## 7.3　調査結果からみた管理組合理事会の認識特性

### 7.3.1　調 査 の 概 要

(1)　調査の目的と方法

　専用使用し、共同管理の対象になりそうな、共有と専有（特に**表7.1**の中の〈ロ〉、〈ハ〉の部分）を主たる対象箇所として、管理組合が所有上の専有部分と考えているか、それとも共有部分として考えているか、管理上、管理組合がどこまで専有部分に踏み込んで管理しているか、さらに修繕時に誰が負担すべきか、あるいは実際に負担しているかを主に、1985年から1991年にかけての第1期調査、それから10数年後の2004年の第2期調査の結果などを基に供給主体別の傾向を分析する。

　調査方法は、管理組合理事会を対象とし、マンションの供給主体により、公団や公社による分譲の「公的分譲」（中でも第1期では面積・形状等、管理組合内で比較的ばらつきの少ない「均一型」と面積・建物形状等でばらつきの多い「多様型」の管理組合に分けて調査）と民間のマンション販売会社による分譲の「民間分譲」別に調査を行うことで、管理領域の特徴が何に起因するかを分析した。**表7.2**に第1期調査概要、**表7.3**に第2期調査概要を示しておく。

　調査項目は、第1期調査では、①主要な部位について、共有部分としているか、専有部分としているか、②管理上、管理組合の管理下にあるか否か、③修繕工事等がある時、管理組合と区分所有者個人とで、どちらが負担して

7.3 調査結果からみた管理組合理事会の認識特性　77

表7.2　所有・使用・管理領域調査の概要（第1期調査）

| 項　目 | | A：公的均一型分譲 | B：公的多様型分譲 | C：民間分譲 | 計 |
|---|---|---|---|---|---|
| 調査年月 | | 1985.10月～12月 | 1990.10月～12月 | 1991.10月～12月 | |
| 調査管理組合数 | | 49 | 17 | 21 | 87 |
| 経過年数 | 0～9年 | 0 | 10 | 4 | 14 |
| | 10以上 | 46 | 7 | 17 | 70 |
| 専用庭有りの比率 | | 18/49 | 13/17 | 8/21 | 39/87 |
| 共用庭有りの比率 | | 49/49 | 17/17 | 12/21 | 78/87 |

注1：第1期調査では、高経年マンションが少なく、築10年を分析時の一応の目安にした。
注2：経過年数不明3
注3：まだ大規模改修工事などを済ませていない管理組合もあり、工事費等の費用負担の項目では考え方を聴く部分もあった。

表7.3　所有・使用・管理領域調査の概要（第2期調査）

| 項目 | | 公的分譲 | 民間分譲 | 計 |
|---|---|---|---|---|
| 調査年月 | | 2004年8月～10月 | | |
| 調査管理組合数 | | 41 | 25 | 66 |
| 経過年数 | 20～29年 | 11 | 7 | |
| 経過年数 | 30年以上 | 29 | | |
| 専用庭有りの比率 | | 3/41 | 19/26 | 21/66 |
| 共用庭有りの比率 | | 36/41 | 18/26 | 54/66 |

注1：第2期調査では、第1期調査時から13年～19年経過しているので、築20年以上を調査対象とし、特に公的分譲にのみ見られた築30年以上の管理組合を分析に際して区分した。
注2：調査結果、僅かで20年未満が公的分譲1、民間分譲3、計4有り。分析に際して大きな差がないため総数に加えた。
注3：いずれも大規模改修工事などを済ませており、工事費等の費用負担についても実績を一応の目安とした。

いるか、あるいは負担すべきかを問う。第2期調査では、第1期調査の結果を参考にし、共有部分と専有部分の曖昧な結果が多かった部位に限定して調

査項目とすること、また民間分譲に比べ大きな差異が見られなかった公的分譲（均一型）と公的分譲（多様型）は区別せず公的分譲とし、民間分譲との2区分で第一期と同様の調査を実施した。

## (2) 分析の方法

アンケート調査した結果を基に、管理組合として①共有部分と考える管理組合数と、専有部分と考える管理組合数をそれぞれ100分率とすることで、これを共有率とした。同様の方法で、管理上で管理組合が管理しているか、個人に任せているかを100分率で共同管理率とする。さらに修繕等の工事費

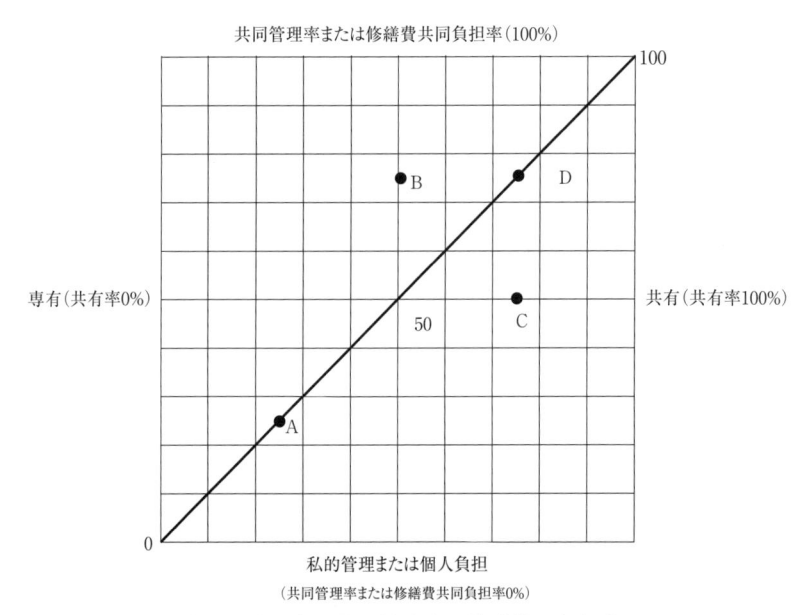

**図7.2 施設の共有率と共同管理率、修繕費用負担率のモデル**

凡例A：共有率25％（専有率75％）、共同管理率25％（私的管理率75％）、
　　　　修繕費共同負担率25％（個人負担率75％）
　　B：共有率50％（専有率50％）、共同管理率75％、
　　　　修繕費共同負担率75％
　　C：共有率75％、共同管理率50％、修繕費用共同負担率50％
　　D：共有率75％、共同管理率75％、修繕費共同負担率75％

を管理組合と個人とでどちらが負担したか、あるいはすべきかで修繕費共同負担率とした。**図7.2**にそれらのモデルを図で示しておく。例えば、4管理組合中、3管理組合が共有、共同管理、あるいは費用負担している場合は、図の中のD点に位置し、共有率75％、共同管理率75％、修繕費共同負担率75％になり、比率分布は丁度対角線上に位置することになる。それに対し、B点は、共有率50％で、共同管理率、修繕費共同負担率75％である。C点は、共有率75％だが、逆に共同管理率50％、修繕費共同負担率50％ということになる。A点は、D点とは逆に、共有率25％（専有率75％）、共同管理率25％（私的管理率75％）、修繕費共同負担率25％（個人負担率75％）である。調査結果では、共同管理率と修繕費共同負担率は必ずしも一致せず、例えば共同管理率75％でも、修繕費共同負担率になると個人負担が増え、共同負担率が下がる場合もある。前者では対角線より上に位置し、後者では対角線の下に位置することになる。法的に本来どうあらねばならないか、あるいは明示されているかではなく、管理組合が現実にどのように対応しているか、あるいは対応しようとしているかの実態把握である。これは、現在の法的位置づけより、将来管理上どうあるべきかのための調査だからである。

### 7.3.2　調査結果にみる特徴

**(1)　第1期調査でみる公的分譲（均一型）と公的分譲（多様型）での特徴**

**(1.1)　共有率と共同管理率（図7.3、図7.4）**

　第1期調査では、当然ながら共有部分でかつ共同管理の予想される屋根防水やバルコニー・構造体も調査対象にすることで、これと連動する部位（例えばバルコニー手すり）に対してどう対応しているかを調査した。現実に手すりを個人負担にしている管理組合が以前のヒアリングであったからである。

　公的均一型（**図7.3**）、公的多様型（**図7.4**）とも、調査結果から見ると、本来共有でかつ共同管理すべきところはおおむね共有率、共同管理率ともに

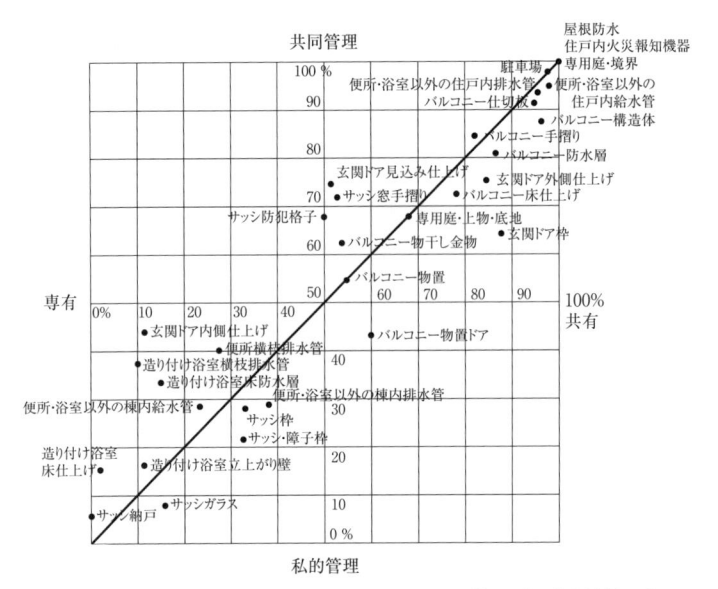

80　第7章　共用部分と専有部分の管理領域

**図7.3** 〈第1期調査〉施設の共有率と共同管理率（公的均一）

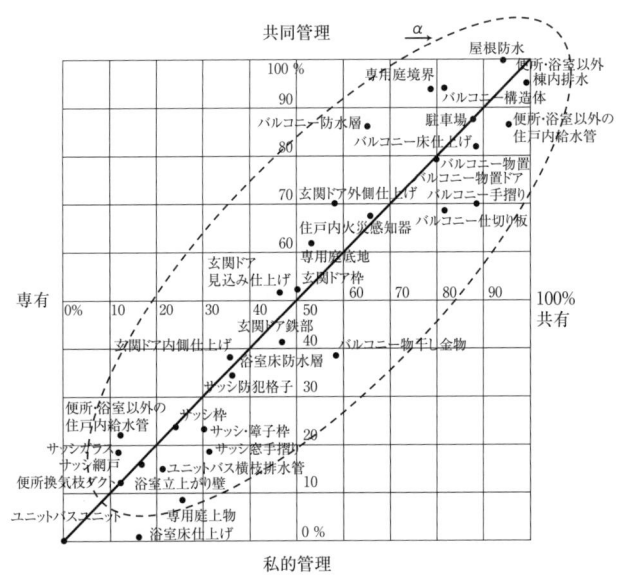

**図7.4** 〈第1期調査〉施設の共有率と共同管理率（公的多様）

100％近辺に位置している。逆に、サッシの網戸やガラス、造りつけ浴室の床仕上げや立ち上がり壁等の内装部分は専有率も高く、私的管理の対象である。これに対して、共有と専有の境に位置している、玄関ドアの外部仕上げ、見込み、内部仕上げ等は、それぞれ共有率の高い部分から順に内部に行くに従い専有率の高くなることがわかる。サッシの枠組み、障子部分、ガラス等も同じ傾向である。外壁に順ずる部分から、個人が使用する部分に至るにしたがって専有化し、私的管理に移動することになる。法的にもあいまいな箇所である。

**(1.2) 共有率と修繕費用負担率（図7.5、図7.6）**

これを修繕費の負担率で見ると、公的均一型（図7.5）では共同管理率に比して、ものによっては若干共同負担率に移動しているが、そんなに大きな差異とはならない。これに対して公的多様型（図7.6）では、共同管理率に比べ、修繕費負担率では、全体に個人負担率が若干高くなる傾向がある。多様型のマンションでは、均一型に比べ、施設自体が多様なため、概念としては共有であっても、個別に負担すべきとの考え方が若干出てくるからである。

ただし、第1期調査時点では、まだ実際の大規模改修期に入っていない管理組合もあり、共同管理と修繕費共同負担との違いはあまり大きくない。

**(2) 公的分譲でみる第1期調査と第2期調査の認識の違い**

第2期調査では、前述の通り、明らかに共有部分あるいは専有部分であるものは調査から除外し、共有と専有のあいまいな部分を主として調査対象とした。また、第1期で公的均一型と公的多様型に分けた調査を、第2期調査では公的多様型対象管理組合数が少なかったことと第1期調査結果から大きな差異が見られなかったことから、公的分譲として同一調査とした。（図7.7、図7.8）

第1期調査時点と15年〜20年近く経過していることから、その間に共同管理の概念がかなり異なってきたこと、すでに大規模改修工事がかなりのマン

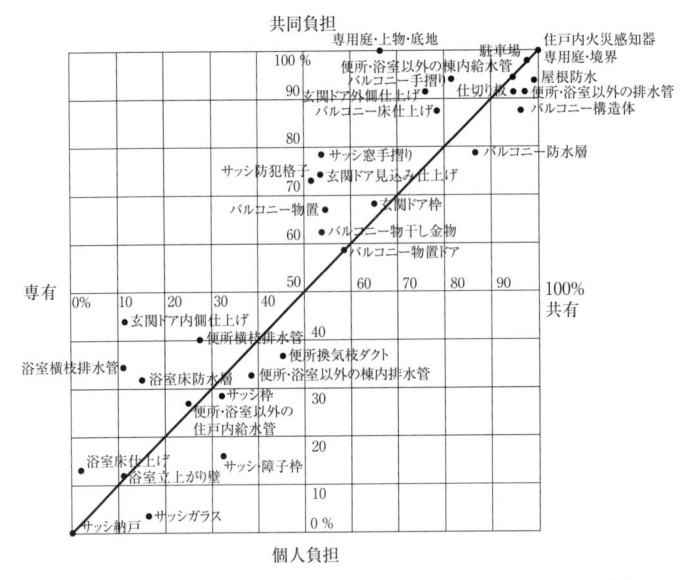

第7章 共用部分と専有部分の管理領域

**図7.5** 〈第1期調査〉施設の共有率と修繕費用負担率（公的均一）

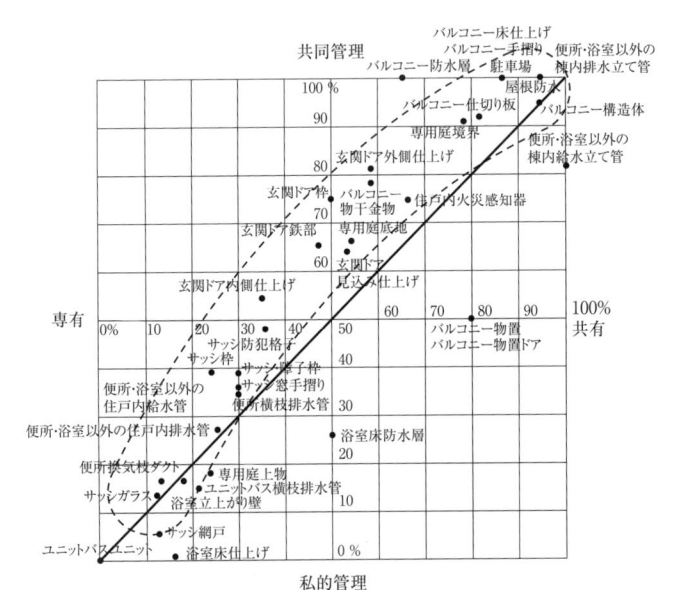

**図7.6** 〈第1期調査〉施設の共有率と修繕費用負担率（公的多様）

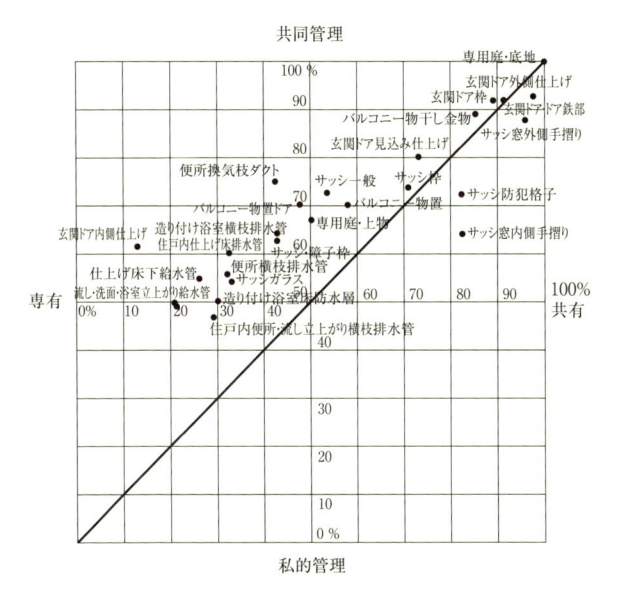

7.3 調査結果からみた管理組合理事会の認識特性　83

**図7.7** 〈第2期調査〉施設の共有率と共同管理率（公的）

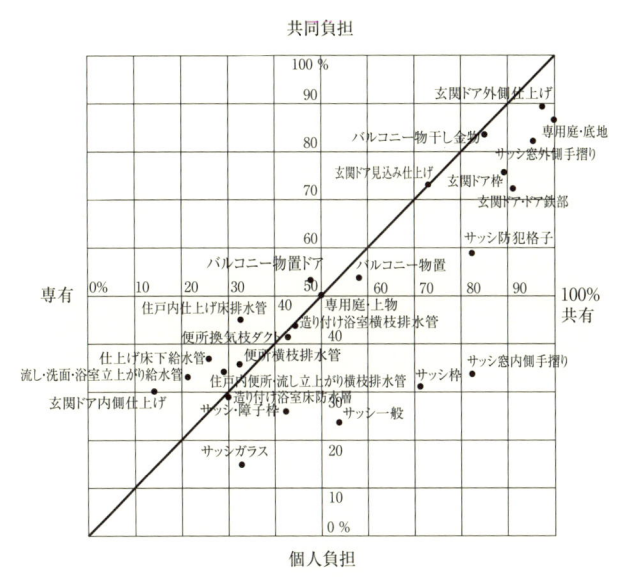

**図7.8** 〈第2期調査〉施設の共有率と修繕費用負担率（公的多様）

ションで行われており、費用負担に対しても現実的な対応がなされた様子が見られる。まず、共同管理の概念が第1期調査時に比べ全般に高くなっている。専有部分にあっても管理組合が共同管理するという管理方式である。共有と専有のあいまいな部位についても半数以上の管理組合が共同管理の対象にする傾向がみられる。ただし、修繕費の負担率になると、第1期調査時点の近くに戻る傾向が見られる。これらの特徴は、管理組合が専有部分に対して共同管理すべきとの考え方が浸透し始めた一方で、修繕費用が必ずしも潤沢ではなく、境界のあいまいな部位の修繕までは管理組合が面倒を見ていないことが伺われるのである。共同管理率と修繕費用負担率の認識の乖離が見られることになる。ただし、個々の部位でみると、例えば、玄関ドアの内部仕上げや給水管等の水回りの設備で、専有率が90％（共有率10％）程度でも共同管理率は50～60％になり、修繕費で個人負担に戻っても30％台までで、約3分の1が共同負担である。筆者が提唱している「専有部分であっても共同管理、修繕についても共同負担」の管理組合がかなり出ていることを物語っている。

(3) 民間分譲の特徴

(3.1) 共同管理率の特徴（図7.9、図7.10）

　第1期調査、第2期調査とも、管理規約上で共有とされるものは、共有率100％あるいはそれに近い位置にあり、専有率の比較的高い部位であっても共同管理率は50％以上ないしこれに近い位置に分布している。民間分譲に共通しているのは管理業務を全て管理会社に全面委託していて、理事会が主体的に管理活動をしない傾向があり、このあたりが専有部分に位置していても共同管理という認識に大きく位置することになる。

(3.2) 修繕費用負担率の特徴（図7.11、図7.12）

　共同管理率が高いのに対して、修繕費用の負担率になると、民間分譲では、概して共有率と類似の傾向が現れ、ほぼ対角線上に近い位置に戻ってくる。しかも、本来専有に位置するものは共同管理といいながら、費用負担に

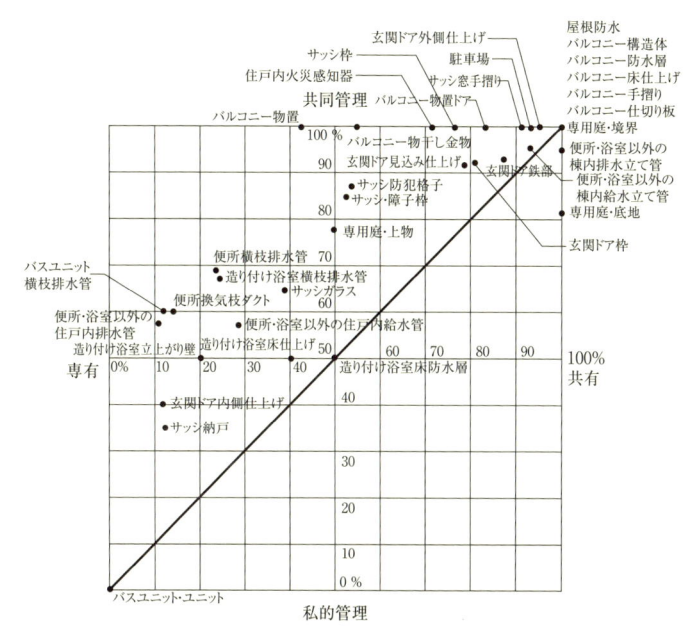

7.3 調査結果からみた管理組合理事会の認識特性　85

**図7.9 〈第1期調査〉施設の共有率と共同管理率（民間）**

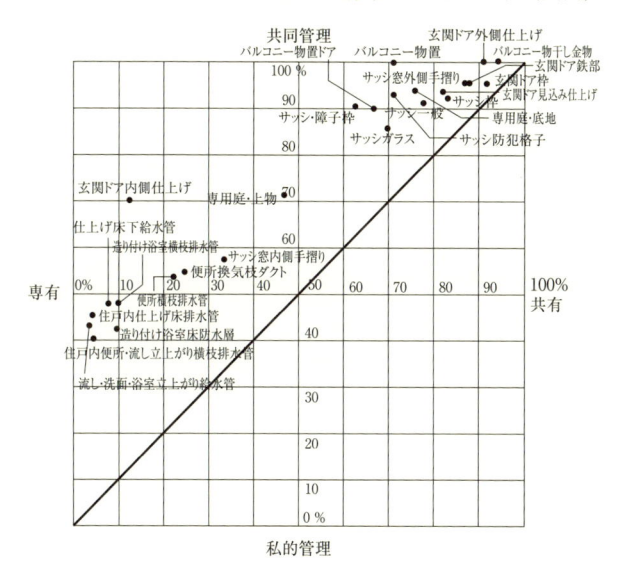

**図7.10 〈第2期調査〉施設の共有率と共同管理率（民間）**

86　第 7 章　共用部分と専有部分の管理領域

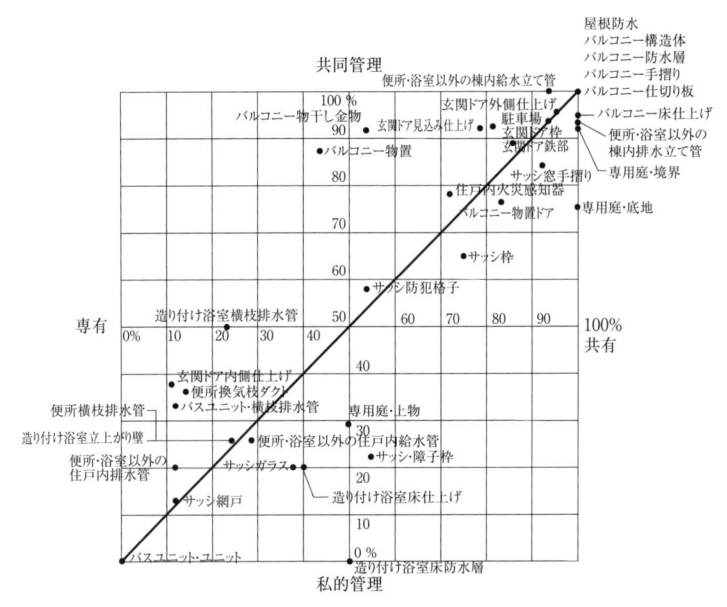

**図7.11** 〈第 1 期調査〉施設の共有率と修繕費用負担率（民間）

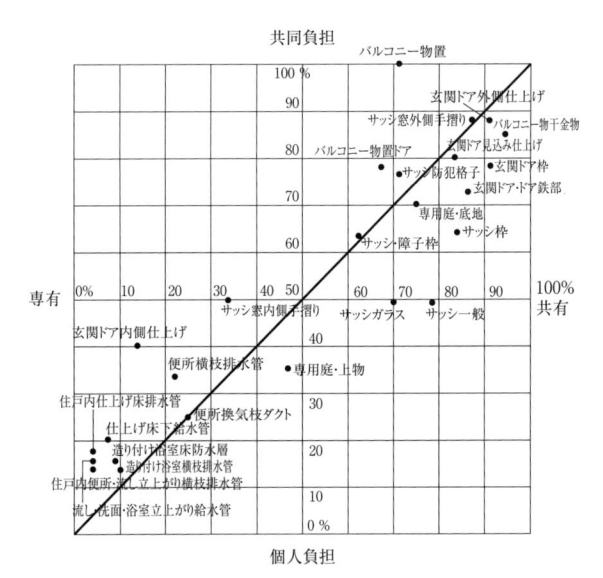

**図7.12** 〈第 2 期調査〉施設の共有率と修繕費用負担率（民間）

なると、極端に個人負担の対象となる。

　これは、前述の通り、専有部分であっても何かあると管理会社に依頼し、費用は個人負担が前提になっているからである。

## 7.4　調査結果による所有上の共有と修繕費用負担の関係及び公的、民間の比較

(1)　公的分譲のモデル

　第2期調査結果（公的分譲、民間分譲別に調査）における公的分譲の所有上の共有率と共同管理率の分布の乖離をモデル化して、図7.13に示す。

　第2期調査結果を見ると、公的分譲の共同管理率では共同管理の領域に分布しているにも関わらず、修繕費負担率では個人負担に若干偏っている。民間分譲の共同管理率が全体的に高くなるが、修繕費負担率では費用負担の面で共有率の高いものは共同負担に、専有率の高いものは個人負担にそれぞれ移行している。

　結果的に、修繕費負担率では、共有率と共に共同負担率の高いものは、共有率と共同負担率の比率が同じところに集約し、専有率が高くかつ、個人負担率の高いものは専有率と個人負担率の比率が同じところにそれぞれ集約してきた。

　公的分譲では、専有部分であっても建物設備などの修繕においては組合の共用部分として一部費用をまかなっているが、民間分譲では管理上は共同管理であっても負担上は個人負担となっている。これより、浴室や住戸内の給・排水管や住戸内設備などの専有部分が個人負担の方へ移行しているのがわかる。第1期調査の公的分譲では、管理上と費用上の関係はあまり変化がみられなかったが、第2期調査では、公的分譲でも前回の民間分譲と若干似た結果がでた。

88　第7章　共用部分と専有部分の管理領域

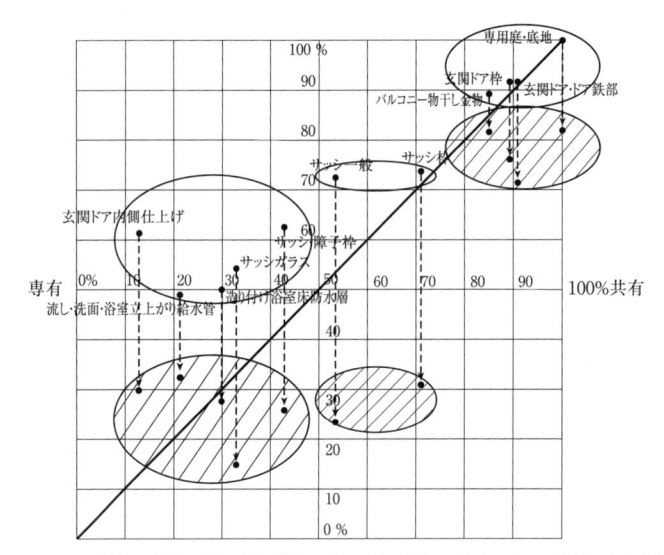

図7.13　〈第2期調査〉共同管理率と修繕費用負担率の乖離（公的）

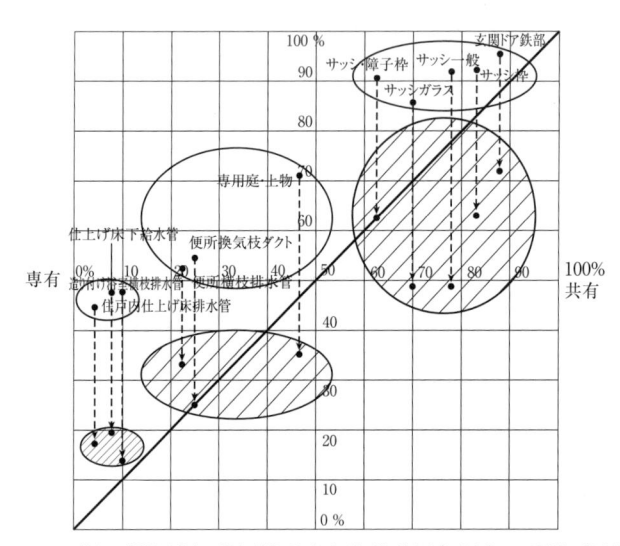

図7.14　〈第2期調査〉共同管理率と修繕費用負担率の乖離（民間）

(2) **民間分譲のモデル**

　特に著しい変化を見せるのが民間分譲である。公的分譲と同様に、民間分譲で、所有上の共有率と共同管理率の分布と費用負担率の分布の乖離をモデル化して、図7.14に示す。前述したとおり、民間分譲では専有部分に存しながら共同管理とするものの大多数が費用負担になると極端に個人負担に移行する傾向が見られる。また、共有部分であっても、玄関ドア・鉄部、サッシ一般・枠・ガラス・障子枠が大きく個人負担へ移行しているのがわかる。共有部分にも関わらず、個人負担へ移行しているということは、共有部分と専有部分がはっきり区分されていないためとも言える。

　民間分譲では、管理会社に共有、専有部分とも管理行為を委託、或いは、修繕依頼する傾向がある。共有部分の管理行為としての修繕と、専有部分の修繕をはっきり区分する必要がありそうである。

# 7.5　ま　と　め

　管理組合による一部専有部分に踏み込んだ共同管理の提言と実態調査の結果から、以下の諸点をまとめておく。
① 　調査結果によれば、共有率に比べ、共同管理率は高めに位置し、管理組合によっては専有部分にあっても共同管理の対象にするところが現実に見られる。
② 　ただし、修繕費用等の支出になると、専有率の高い部分の共同管理ほど、個人負担に戻る傾向が見られる。特に民間分譲では、その傾向が強い。
③ 　調査結果ではまだ少ないが、専有部分まで踏み込んで共同管理をしている管理組合の中には、修繕費用等の負担でも、共同負担を実施してるところが現に見られる。
④ 　筆者が提唱している、専有部分に踏み込んだ管理組合による共同管理

の概念が現れつつあり、かつその中には、修繕費用の共同負担まで実施することは、今後のマンション管理のあり方を物語っている。

**参考文献**
〈文1〉山本育三他、「公的分譲集合住宅の維持管理に関する研究—18—使用・所有・管理上の領域について」（日本建築学会大会学術講演、1985年）
〈文2〉山本育三他、「マンション境界部分の使用・所有・管理領域について—3—共用と専有の境界部分への管理組合理事会の対応」（日本建築学会大会学術講演、1995年）
〈文3〉山本育三「マンション境界部分の使用・所有・管理領域について」（関東学院大学工学研究報告第38-2巻、1995年）
〈文4〉山本育三「マンション管理領域の研究と専有部分の共同管理への提言」（日本マンション学会誌『マンション学』第6号、1998年）

# 第8章　居住者の高齢化と施設のバリアフリー化

## 8.1　高経年マンションの特徴

　1960年代半ばから、持ち家としての分譲集合住宅（マンション）が大量に供給され始めたが、1980年代半ばまでの供給では、バリアフリーという概念がほとんど無かった。特に郊外の公的分譲の団地型マンションでは、中層（4～5階建て）の階段室型アプローチによるものが多く、高層でも3階ごとにエレベーター停止階があり、その上下の住戸へは階段で1層分上がり下りする構造のものがあった。しかも、廊下階の住戸でさえも、開放廊下からこれに面した部屋の視覚的プライバシーを保護するために、部屋の床面が開放廊下より高い位置に設定されていて、各住戸の玄関へのアクセスは開放廊下から3段程度の階段を設置したものが多い。今、それらのマンション群が、築30年、40年経過し、いわゆる高経年マンションになると同時に居住者も高齢化し、バリアフリー化が求められているが、技術的にも費用的にもままならないのが現状である。かといって、よほどの要件が整っている地域以外は、建替えもまた極めて難しい。そんな中で、何とか部分的にでもバリアフリー化に取り組んだ事例が幾つかある。本章では、その事例を紹介し、これからの既存マンションの長寿命化に向けてのバリアフリー化の取り組みの参考にしておく。

## 8.2 部分的バリアフリー化への試み

### (1) 取り組みの概要

　1970年代末から1980年代にかけて毎年、管理組合単位ごとに供給し続けた横浜市郊外の大型集合住宅地、若葉台地区での取り組み事例である。〈文１〉

　この集合住宅団地は、神奈川県住宅供給公社（以下、県公社という）が横浜市の西部地区で約90ヘクタールの用地を全て集合住宅地として開発した団地で、完成時、計6500戸、内約800戸の賃貸集合住宅以外は、約5,500戸が10以上の管理組合を有する団地型マンション群の集合体である。

　建設スピードが一段落した1989年に管理組合間での情報交換や管理のための研究を目途に、若葉台住宅管理組合協議会（略称：協議会）を結成し、単位管理組合では取り組みにくい中長期の管理目標を射程に入れた様々な取り組みがなされ、今日に至っている。そんな中で、1994年に「高齢者居住のための施設改善指針」を作成した。協議会の幹事、単位管理組合の役員はもちろん、開発者の県公社、管理会社の（財）若葉台管理センター（現在（財）若葉台まちづくりセンター）、地区内の社会福祉協議会、老人会、配食サービスなどを手がけているボランティアグループなどからメンバーを募り、ニュータウンや集合住宅団地で予想される将来の超団塊的高齢者社会に向けて現実的なバリアフリー化をどう可能にするかについて、約２年間検討した結果である。検討された項目は、概ね下記の通りである。

① 若葉台の人口構成と将来予測
② 既存集合住宅での高齢者の定義と身体上の対象レベル
③ 身体的、精神的特徴と自立・介助の範囲
④ 若葉台の施設上の特徴
⑤ 改善すべき施設対象とその手法（専有部分、共用部分、その他横浜市移管・開発者所有地部分、特にCATV他の現状設備の利用等）
⑥ 改善方法とその手続（個人、管理組合、若葉台全体、自治体等のそれ

ぞれの取り組み）

⑦ 実行への道程（主として実行への道筋）

ここでは、指針の詳細な記述は割愛するが、基本的な取り組みのスタンスは、①若葉台の将来の高齢化を想定した管理組合の取り組み方、②その時、既存の施設を前提に理念的な目標ではなく、現実に可能な範囲とする、③特にそれぞれの管理組合でどういう決定をし、手続をすればよいかなどである。

## (2) 人口構成の特徴—若葉台と全国の5歳年齢区分別人口ピラミッド（図8.1）

若葉台1993年時点（今から約20年前）での、5歳年齢区分別人口分布図を、全国と若葉台を比較して掲載することで、当時の若葉台の年齢別人口分布がわが国のそれと大きく異なる極端な団塊的特定年齢分布になっていることを指摘している。図8.1の若葉台資料は、区役所で若葉台の1丁目～4丁目別に調査し、これらを合成することで、若葉台全体の傾向を見たものであり、ニュータウンの特に集合住宅団地の特徴を如実に物語っている。

当時は男女とも親の世代で35歳代～50歳未満にピークを示し、子供世代で10歳代～25歳未満で親の世代とほぼ同様のピークを示す。これら子供の世代が20年後には大部分が巣立ちをしていき、親の世代は55歳～70歳あたりにピークがあることが十分予想される。

## (3) 高齢者の身体機能とバリアフリー化対応のレベル設定

上記検討項目の②、③では、高齢者の身体的特性、精神的特性、自立と介助等を既存資料から抽出するとともに、特に身体機能レベルを表8.1に示し、若葉台の既存マンション群の特徴を考慮し、この指針では、レベルⅡ—2型を主たる対象として改善指針を作成することとした。前項でも述べたとおり、棟によっては、どの住戸にアクセスするにも、階段が前提になっていて、かつ1層分の階段については、エレベーターやスロープの設置が不可能だからである。

## 第8章　居住者の高齢化と施設のバリアフリー化

人口ピラミッド：若葉台団地（人口実人数）

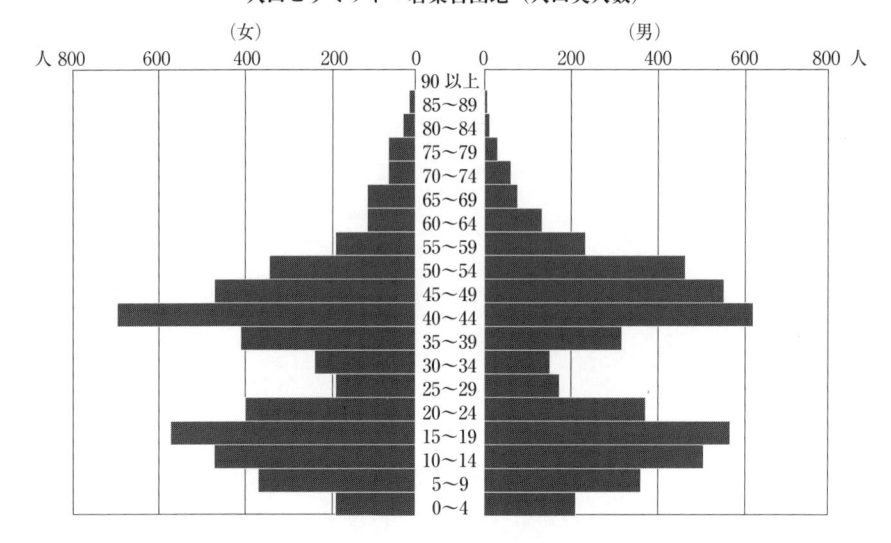

人口ピラミッド：全国（人口 10,000 人比）

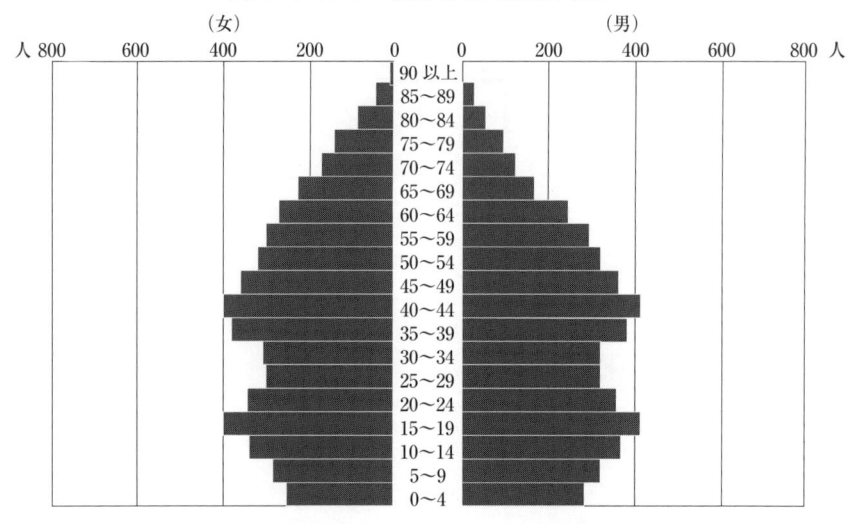

図8.1　若葉台と全国の人口ピラミッド（5歳年齢区分別）

8.2 部分的バリアフリー化への試み　95

**表8.1　高齢者の身体的機能のレベル設定**

| | |
|---|---|
| レベルⅠ型 | ：駆け足が可能で、体力が弱い高齢者というイメージのない人 |
| レベルⅡ－1型 | ：駆け足は自信がないが、普通に自立している人<br>低下は顕在化しているが、自立歩行可能な人 |
| レベルⅡ－2型 | ：杖、手すりの利用、あるいは介助など若干の手助けが必要な人<br>伝い歩き、杖歩行、介助歩行など歩行に補助具や介助が必要な人 |
| レベルⅢ型 | ：這ったり、車椅子でしか移動できない人 |
| レベルⅣ型 | ：寝たきりの状態で、重度の介助を必要とする人 |

## (4) 典型的な住戸を対象とした共用部分、専有部分の改善事項（図8.2）

第1節の検討事項④、⑤については、若葉台の住棟、住戸形状が様々であり、改善するに当たりそれぞれに技術的・費用的な面で制約を受けることから、各管理組合がその対象となるマンションの形状が分かるように、全平面

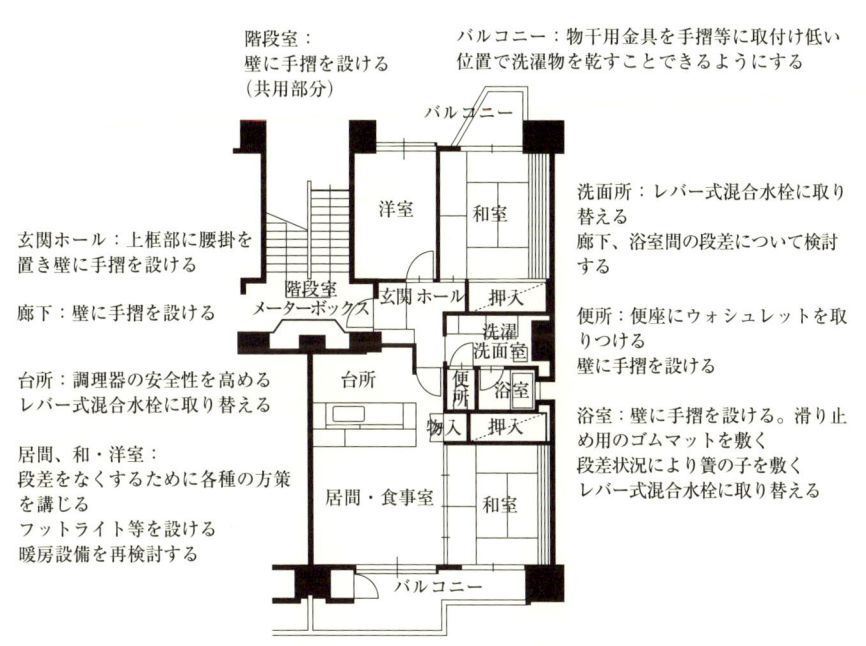

階段室：壁に手摺を設ける（共用部分）

バルコニー：物干用金具を手摺等に取付け低い位置で洗濯物を乾すことができるようにする

洗面所：レバー式混合水栓に取り替える
廊下、浴室間の段差について検討する

玄関ホール：上框部に腰掛を置き壁に手摺を設ける

便所：便座にウォシュレットを取りつける
壁に手摺を設ける

廊下：壁に手摺を設ける

台所：調理器の安全性を高める
レバー式混合水栓に取り替える

浴室：壁に手摺を設ける。滑り止め用のゴムマットを敷く
段差状況により簀の子を敷く
レバー式混合水栓に取り替える

居間、和・洋室：
段差をなくするために各種の方策を講じる
フットライト等を設ける
暖房設備を再検討する

バルコニー：室内の床の段差をなくするために簀の子を敷く（共有専門部分）

**図8.2　若葉台・住戸平面と改善項目**

タイプ別に形状の特徴を列記し、それぞれにどんな改善が可能かについて資料を添付したが、本論では、その中の最も標準的な一例を紹介しておく。エレベーター付き高層マンションで板状（長方形の3階ごとにエレベーター停止階がある開放廊下、階段併用型）のエレベーター非停止階の共用階段と専有部分の平面形である。

　各部分ごとの簡単な解説は図中に示してある。主要なものは、共用階段の手すり設置、専有部分の段差解消、手すり設置、台所の危険防止付きガス器具への取替え他である、それぞれに別途具体的な改善のためのカタログや性能、費用等を紹介している。

### (5) 実現のための道程、手法等（表8.2）

　検討項目⑥、⑦が個々の管理組合の理事たちにとっては、最も重要な管理方法として必要である。指針では、これらについて各管理組合が決めておくべき事項を、①区分所有者個人が独自に改善できるもの、②個人が改善するものの、予め管理組合でルールを決めておき、個人が理事会に専有部分の模様替え申請をし、理事会が許可した上で実施できるもの、③主として共用部分を対象とし、管理組合として改善すべきものに分けて、それぞれにその決め方、実施の仕方などの手法を列記している。また、各管理組合の範囲外で若葉台全体で取り組むべき対象については、開発者である県公社用地の施設について県公社に、横浜市に移管した道路等の施設については、横浜市に自治会を通じて改善を要請すべきこととして指摘することとした。それらを最終的には、「実現のための道程」として一覧表にし、それぞれの機関が推進するようにまとめてある。本論では、その一覧表を提示して若干の解説を述べておく。

　表の左側に、改善の具体的な対象項目を挙げ、最下段に手続きの手法を提示してある。表の上段には、左側から1）個人が改善するもの、2）個人が改善し、管理組合が取り組み、または関与するもの、3）管理組合が改善するもの、4）管理組合以外の諸機関（県公社または行政を含む）のそれぞれ取り組むべき主体を明示し、それぞれの対象項目ごとに、取り組むべき内容

表8.2 実現のための道程等一覧表

| 改善項目＼実行主体 | 1)個人が改善するもの | 2)個人が改善し、管理組合が取組又は関与するもの | 3)管理組合が改善するもの | 4)管理組合以外の諸機関（公社又は行政含む） |
|---|---|---|---|---|
| 段差解消（滑り止め、スロープ等） | ・住居内和洋室間の軽微な床の段差解消<br>・浴槽内滑り止めマット、浴槽内マット、椅子設置等 | ・浴室ユニットバス（手摺、マット付）の交換<br>・下地を含む床改造<br>・バルコニーすのこ敷き | ・共用階段、共用廊下床のスロープ取付<br>・集会所玄関、便所等のスロープ取付 | ・センター地区内、同周辺の公社用地の段差解消<br>・傾斜面ノンスリップの設置等 |
| 手摺設置 | ・住居内廊下、便所、洗面、浴室等で既存型への手摺取付 | ・バルコニー外壁への手摺取付<br>・住居内構造壁への手摺取付 | ・共用階段、共用廊下、エレベーターホール壁の手摺取付<br>・集会所内の手摺取付 | |
| アラーム | ・玄関防犯ベルの露出配線による浴室、便所等のベル押ボタン取付<br>・セキュリティサービスへの契約 | ・住居壁面内配管配線を伴うベル設置<br>・外部バルコニーのアンテナ取付を伴うセキュリティ契約 | ・集会所便所内アラーム、押ボタン<br>・一部CATVとの連携によるアラームベル取付 | |
| 台所レンジ暖房等 | ・台所レンジ交換程度<br>・ウォシュレット取付 | ・TES交換による改善増設<br>・ガス漏れ感知器設置 | | |
| その他 | | | | ・若葉台開発計画の一部見直し<br>・ナーシングホーム設置<br>・福祉会館の設置<br>・歩専道、公園等の改良 |
| 手続きの方法等 | ・不要（但し、指針、手法を組合で提示） | ・予め管理組合で指針を配布<br>・個別申請に対し妥当性、適性チェック（許可又は報告指導） | ・仕様と予算計上［PR、総会決議（3/4以上）］ | |

を列記してある。例えば、同じ手すり設置でも、専有部分の既存仕上げ壁に設置する時は個人の範囲でできるが、バルコニーの外壁の時は、バルコニーが共用部分の専用使用のため、理事会に模様替え申請をし、許可を得た上で実施する、さらに共用のエレベーターホールや開放廊下、エレベーター内等は管理組合が直接実施することになる。

その後各管理組合は、大規模改修工事の時などに、この指針に沿って改善しており、バリアフリー化への部分的取り組みが実現している。

## 8.3 車椅子を対象とする取り組み

### (1) エレベーター停止階の玄関前階段用の簡易スロープ設置

上記指針は既存マンションという制約の中で、高齢者の身体的特性レベルⅡ—2を対象とした部分的なバリアフリー化であるが、開放廊下階の居住者に対しては、開放廊下から玄関前への数段の階段を対象に、軽いアルミ製で、使用しない時は側壁に折りたたんで留めておく、折りたたみ式簡易スロープ（図8.4参照）を前記協議会と若葉台管理センターとが共同で開発していた。すでに横浜市が個人住宅を対象として車椅子使用者の玄関前などのスロープ化への助成金制度を実施していたことから、これを何とか共用部分でも適用できないか、横浜市と折衝した結果、同市は共用部分ではあるが個人住戸の延長として管理組合の承認があれば個人申請により助成金の対象にするという「大岡裁き」をすることで実現することとなり、上記改善指針と合わせ少なくとも廊下階の住戸に対してはバリアフリー化が可能になった。これまで数件の申請があり、実現している。

### (2) 中層階段室型マンションのその後の取り組み〈文2〉

その後、さらに中層・階段室型の管理組合の中では、長期修繕計画委員会が、エレベーターの設置と階段室に沿って上り下りできる椅子式昇降機の設置とを比較する案が検討された。（図8.3、図8.4）

8.3 車椅子を対象とする取り組み　99

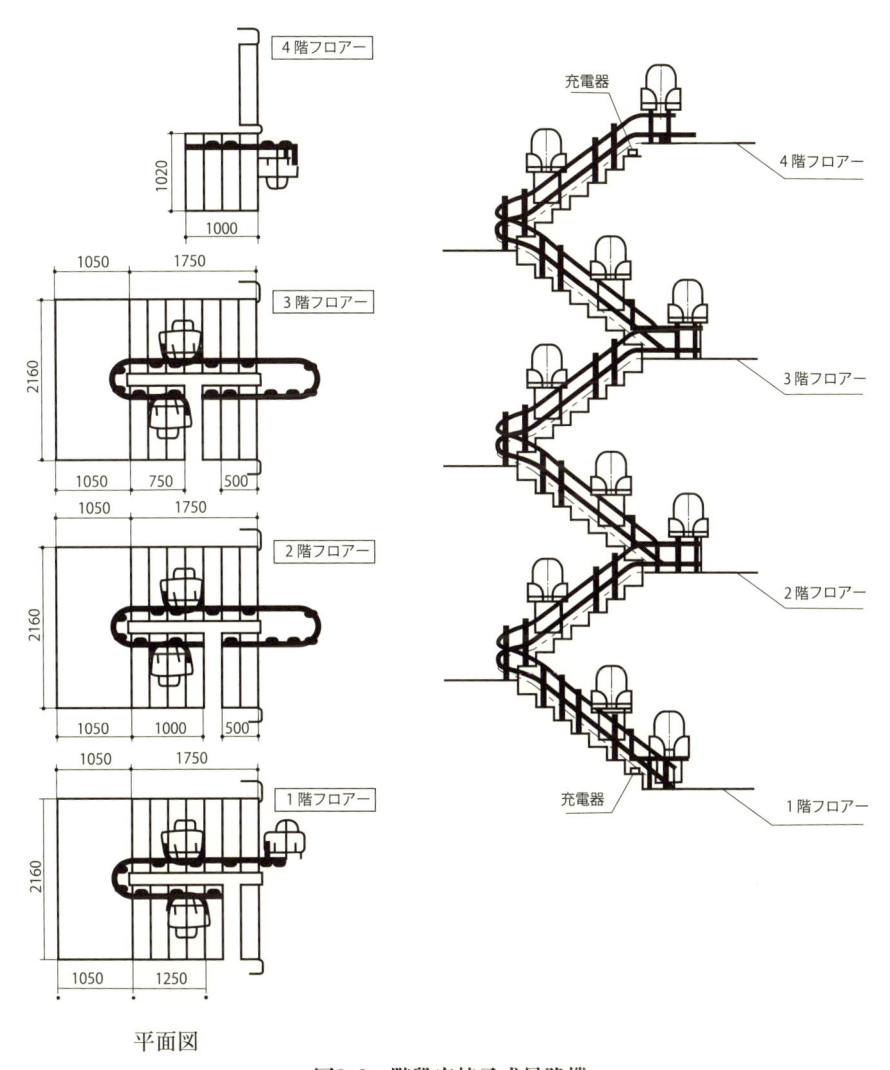

**図8.3　階段室椅子式昇降機**

平面図

図8.3は、電動式の簡易移動椅子を階段室に沿って手すりの位置に取付け、これに車椅子から乗り換えて上り下りする方式である。駅の階段にある車椅子ごと昇降するものを簡易化し、踊り場で回転しながら上り下りする。これ

だけでは、1階まで数段の別階段があるため、図8.4の折りたたみ式簡易スロープとの併用である。建築基準法に定める共同住宅への取り付け通路が幅員2m以上必要であり、恒常的なスロープ設置には幅員が不足しているため、前項と同じように、使用しない時は外壁に折りたたんで留めておき。使用時にスロープとして階段上に出してくる方式による。これは、前述の管理組合が承認し、個人が横浜市に申請することで可能なスロープに該当する。

　この二つの方式は、エレベーター設置費が戸当り約200万円近く掛かり、しかも技術的にも、既存の構造を著しく改造する必要があり、かつメンテナンス料と電気代が合わせて戸当り約7千円／月なのに対して、階段室椅子式昇降機と簡易スロープの組み合わせは設置費が戸当り約50万円、管理費が5百円／月という実現可能な手法である。

　このうち、簡易スロープ化については、すでに総会で合意しており、個人から理事会に対して模様替えの申請があれば、一部スロープの設置のための外壁増設をすることで実現する運びになっている。ただし、椅子式昇降機については、今後の長期修繕計画の見直しの中での工事費用の優先順位と合意

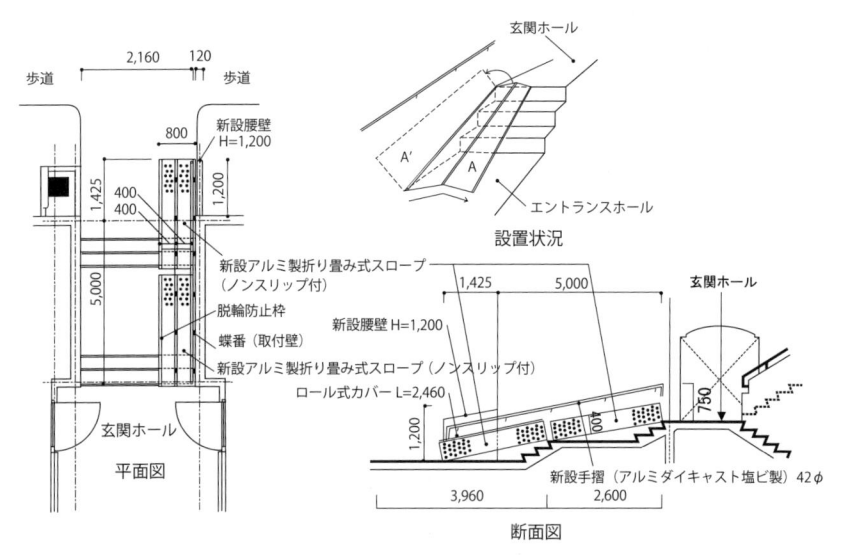

**図8.4　折りたたみ式簡易スロープ（1階）**

形成の難しさがあり、まだ実現にまでは至っていない。

　このように、既存マンションのバリアフリー化は、実現のための様々な手法と合意形成の難しさ、さらに国や自治体の支援による後押しがないと実現しにくいのが現状である。管理組合の積極的な管理と、行政によるストック重視の住宅政策が必要となる所以である。

**参考文献**
〈文1〉若葉台住宅管理組合協議会・同高齢者居住専門委員会：「高齢者居住のための施設改善指針」報告書及び報告書資料、1994年3月
〈文2〉若葉台〇〇住宅管理組合長期修繕計画策定委員会総会報告書：「階段室椅子式昇降機設置の検討結果」、2003年5月

# 第9章 「住宅政策」の転換と「既存マンションの長寿命化と再生」政策への提言
――「マンションストックの再生法」制定を――

## 9.1 まえがき

わが国の政権が半世紀ぶりに大きく替わった時、政治スタイル、政治への取り組み方も様変わりした感があった。これを機会に、与野党を問わず、住宅政策をこれまでの延長でなく、新たな視点に立って進めるべきとの思いから、標題の提言を試みる。本章は、筆者がかねがね主張、提言してきた「マンション再生」を改めて再構成するものである。

また、マンション管理組合がマンションの長寿命化と再生を目標として管理をする場合、本著で筆者が主張し、事例を紹介している、「動的管理（Dynamic Management）」を目指し、実行することが求められることは言うまでもない。

## 9.2 これまでの住宅政策におけるマンション施策の位置づけ

区分所有法改定時の建替え条項（2002年、部分改定）、マンション建替え円滑化法の制定（2002年制定）、長期優良住宅促進法の制定（2008年制定）と翌年の施行に際しての新築適用による認定基準、更に最近の不況対策としての新築住宅への誘導と各種支援策、税制上の優遇策等を見る限り、住宅基本法にある「新築」と同時に「ストック重視」の方向性は必ずしも額面通りになっていない。

むしろ、マンションについて「新規供給と建替え」を優先し、その上で「ストックの維持管理」を取り上げ、かつ「一定の水準以下のストック」は「建替えることで水準向上を図る」政策であったと見られてもやむを得ない。特に2009年に施行された「長期優良住宅促進法」の認定基準は、国交省によれば、「取り敢えず新築に限定」したそうだが、その「認定基準」を見る限り、当時、筆者が心配したとおり、極めてレベルの高い基準であり、中古物件に対してはどうしてもこの基準を準用せざるを得ないであろうから、はたしてすでにあるストックの中でクリアできるものが出てくるだろうかと疑わざるを得ない。区分所有法の改定や建替え円滑化法を以ってしても、これらの法を適用して建替えられたものは、余剰床を等価交換するか余剰床に相当する敷地を処分することで、建替え資金の相当部分を賄って初めて成功している現実を見ると、ストックの建替えが並大抵のことではないことが改めて認識される。

## 9.3 住宅政策転換の方向性とマンション政策の基本的指針

政権交代とともに打ち出された「コンクリートから人へ」、「$CO_2$排出1990年比25％削減」のスローガンは、東日本大震災と原発事故、政権の再交代を経て、このところ色あせた感が否めないとはいえ、長期的視点でみれば、地球環境の保全やストック型社会構築には重要な価値観の転換である。これらを住宅政策で示そうとすれば、これまで一度も転換されなかった「住宅新規供給」の政策を180度転換し、戸建住宅を含めた5千万戸以上ある「住宅ストックの長期使用促進」を図ることである。

「住宅ストックを長期使用」することで、「住宅の新規供給や建替えによる$CO_2$排出」を民生レベルで大幅に抑制することが可能となる。

ただし、わが国の住宅ストックは全てがこのまま長期使用に耐えられるかといえば、必ずしもそのようにはできていないのも事実である。また、長期

使用を目途とすれば、時代によって変わるニーズや$CO_2$排出抑制に整合するための再生（改善）の手だては打っておかねばならない。したがって、ストックの「長期使用促進のための法的整備」を新たにしておかねばならない。

上記の政策転換をマンションに当てはめれば、マンションについては、以下の特徴があり、これを射程に入れた政策が必要になる。それは、マンションが管理上必要な事項を全て区分所有者の合意によってのみ実行できること、特に建替えに要する合意形成が極めて難しいこと、むしろそのことが逆にマンションだからこそできる「ストックの長期使用促進の担い手の手本」になりうるのである。

## 9.4　省エネ・再生を射程に入れた「マンションストックの長期使用促進・再生法」の基本要件

現在590万戸強あるマンションストックを長期使用可能な状態にしようとする時、それらのストックを全て新築時と同等の水準にすることは不可能である。ストックに求められる水準は、「部分的向上」に限定しながら、要は長期間に亘って使用可能な状態にすることである。

その具体的な要点を、マンションの施設上、管理組合の管理運営上等の各面から以下に列記しておく。ただし、ここでいう再生とは、建替えをせずに、必要に応じて改善することをいう。

### (1) 部分的バリアフリー再生（第8章参照）

高経年マンションでは、同時に居住者の高齢化も進んでおり、バリアフリー化が急務である。といっても中層階段室型形状のマンションでは、エレベータを付けても、多くの場合は階段室の踊り場に停床し、あと半階上下しなければ玄関にアクセスできない。例え住居階にアクセスできるにしても多額の費用を要し、年金生活者の多い高齢者居住では合意しにくいのが現実であ

る。また、必ずしも全てのストックを完全にバリアフリー化する必要もない。そうした現実のストック対策として以下の幾つかの方式が考えられる。ただし、幅員などで、中には現行の消防法や建築基準法に抵触するものもあり、既存マンションの再生に際しては現行法の緩和策が必要である。

① 階段室対応の椅子式昇降機開発

階段室の手摺を兼ねた折り畳みの椅子を備えた昇降機を地元中小企業に参加させるプロポーザル方式による開発をし、合わせて設置への支援策を講ずることでかなりの中層マンションの部分的バリアフリー化が進むことになる。5階建て階段室型10戸を対象とする場合で、戸当り設置費50万円弱（エレベータでは戸当り150〜200万円）、経常費月額戸当り500円弱（エレベータでは戸当り6〜7千円）である。

② 共用部分のスロープ化、廊下・階段室等の手摺設置

多くの高経年マンションですでに自力で設置済みである。階段室型中層の階段取り付け費用は戸当り約5万円だが、上記昇降機用手摺を兼ねれば不要となる。

③ 緊急時のアラームベル設置

室内でアラームブザーを設置すれば、玄関のインタホン位置でアラームベルがなる仕組みで、低額で設置可能である。

(2) **耐震性向上のためのメニュー方式による段階的補強**（第5章参照）

現在、旧耐震構造のマンションストックに対する耐震化策として施行されている耐震診断・補強支援は、一向に普及されないのが現実である。新耐震基準100%クリアを条件とするからで、ストックの場合は、新築と異なり、高額の費用を要すること、特にマンションでは、一部専有部分に影響することもあり、合意形成しにくいからである。

新耐震基準を100とすれば、できる範囲で、例えば70〜80%の耐震化に対して、その分低減した補助金ならば、それぞれの事情によって様々な耐震メニューが可能である。

### (3) 省エネのための様々な再生策

$CO_2$排出1990年比25％削減を目標とする上で、最も効果的な対象は、民生レベルそれも既存の住宅である。開口部の二重化、外断熱化、屋上緑化、屋上太陽熱設置等、すでに始まっている支援策を強化し、かつ税制上の支援策を講ずることで、有効な手立てとなる。

省エネのための再生は、現時点では費用対効果が期待できる状況ではないが、今後、再生に対する支援策を講ずる一方で、何もしない場合の特別税や電気・ガス等の使用量単価の増額が政策上起これば、バランスシートの射程内に入ってくることが予想される。

### (4) 専有部分の模様替え、増築等による再生（第4章、第6章参照）

専有部分でも、区分所有者の定住志向が高まるにつれ、様々なリノベーションや設備増設、若干の余剰床のある高経年団地型マンションの中には、一時試みられた増築による面積増も期待される。

① 50㎡未満の高経年マンションのリノベーション

巣立ちの終わった高齢者居住では、50㎡未満の専有部分でも十分な広さであり、内部の大幅なリノベーションも可能である専有部分に対する支援策を優先的に講ずることが、建替えをせずに居住水準の向上に繋がる。

② 増築による面積増

1990年台初頭に幾つかの中層団地型マンションで、一部増築により専有部分48平米前後の住宅を75㎡程度まで広げた事例を第6章で紹介した。現在、新築マンションでも一般的面積が同程度であることを考えれば、ストックの再生として有効な面積確保手段である。しかも、取壊し・建替え、その間の一時住居等の費用を考えれば、自力建替えせざるを得ない郊外団地等の地区では建替えずして面積増を図ることができ、しかも$CO_2$排出量は極端に少なくて済む。すでに40年経過しているものに新規増築をすることで、経過年数による劣化度の違いが出るとの指摘もありうるが、100年以上の長期使用を目途とし、しかもこれからの長寿命化技術の開発を考慮すれば、小さな条

件に過ぎない。

### (5) 利用目的の変換（コンバージョン）や減築

　高経年マンションの居住者高齢化に対し、専有部分の一部管理組合による買い上げと高齢者用施設への転換、医療・福祉専門業による経営委託等で、在宅ケアの整備が期待できる。これは、住宅政策と同時に医療・福祉政策とのコラボレイションでもある。縦割り行政の見直しとも相まって、新たな施設設置ではないストックの有効利用である。

　更に、大幅な空家発生を抱える地域での減築可能な手立ても必要になってきた。民法の全員合意でない、区分所有法の範囲でこれを可能にする法改正が必要である。

### (6) 管理運営上の再生（第3章参照）

　再生によるマンションストックの長期使用促進は、単に施設上の改善だけではない。むしろ、施設上の再生をしやすくするためにも、管理運営上の再生手続き、合意が必要である。そのためには、以下の諸点が求められる。

① 原始規約を含む規約の改正による再生手続きの条項付加

　再生法制定のみならず、標準管理規約や現行規約を規制する上位法の区分所有法改正により、再生のための議決事項の改正が必要になる。この場合、建替え条項よりは緩い議決割合が肝要である。

② 再生のための積極的な管理の誘導

　ストックの場合、新規供給と異なり、これまでの長い管理慣習を脱却する管理体制が必要になる。管理指針や標準管理規約他、「守る管理から攻める管理」への誘導も必要になってくる。

１）財政上の措置

　これまでややもすれば新築に対して講じてきた様々な支援策を、これからはストックに重点をシフトした政策が肝要である。

　各種補助金、低利貸し付け、利子補給、税制上の減免措置等、再生による長期使用促進と$CO_2$排出量削減のためのあらゆる方策を総合的な住宅政策

として展開する必要がある。

## 9.5 現行法との整合性

すでにある現行法で建替えを射程に入れたものを否定するものではない。建替えが必要になった時それらの法は有効である。

ただし、再生のための各種法整備の中で、現行法の改正または新法に吸収することで、整合させる必要があるものもある。

### (1) 区分所有法

ストックのまま再生させるので、例えば専有部分の増築や棟の減築に際して、区分所有法に対象となる条項がない故に民法に依拠し全員合意を必要とすると、建替えに要する諸議決事項より、もっと合意しにくい事態になりかねない。少なくとも建替えに必要な議決条件より緩い議決要件を揃えた条項の改正または新設が必要である。

### (2) 建替え円滑化法

今回, マンション再生法を制定するに際しては、マンション建替え円滑化法と同様の行政的施策が可能な、また、それ以下の議決要件で新設すべきである。

### (3) 長期優良住宅促進法

現在、長期優良住宅促進法は、新築だけでなく既存も視野に入れた法であり、かつ、施行に際しては、当面新築のみの認定基準を設けている。これをストックに準用するとなると、どうしても新築用の認定基準がガイドラインになり、ストックの再生にはなじまないことになる。ストックの再生に際しては、長期優良住宅促進法の中の既存住宅、特にマンションに当てはまる条項は削除する必要がある。

(4) **マンション管理適正化法**

ストックの管理を射程に入れた法なので、基本的には準用できると思われるが、なお、再生法、区分所有法改正に伴い、擦り合わせが必要である。特に管理運営上の規約等について、再生し易い条項を加筆、改正しておく必要がある。

(5) **既存関連法の弾力的運用や遡及適用免除**

建築基準法や消防法に代表される、新築時に適用される関連法の中で、対象施設の改築や増築時に、通常は現行法が適用される。マンションの再生では、例えば階段室の幅員や建物へのアクセス通路の幅員等に余裕が無く、手摺や椅子式昇降機などを取り付けると所定の幅員が取れなくなる場合がある。そのためせっかくの改善によるレベルアップが実現できないことになりかねない。現行法の弾力的な運用や、遡及適用を免除する措置も必要になることがままある。国是として、ストック型社会の構築を掲げることで、これら隘路を避ける工夫が必要である。

## 9.6 まとめ

NPO全国マンション管理組合連合会（略称：全管連）では、2010年4月に、既存住宅をより長期に使用することを第一義とする住宅政策転換の必要性と、特にマンションストックを対象として、省エネ・再生を射程に入れた「マンション再生法」の制定を提言した〈文1〉。筆者は、かねてより、「建て替えでない『マンション再生』」を提起していたことから、その草稿作成に加わった。本章では、これを基にその要点を、施設上、管理運営上、財政上、さらに関連現行法との整合性について述べた。できるだけ早い時期に国として取り組むことを期待したい。

**参考文献**

〈文 1 〉NPO 法人全国マンション管理組合連合会「マンション再生法（仮称）制定の提言」、2010年 6 月

## 著者紹介

山本　育三（やまもと　いくぞう）

○略　歴
  1939年　東京生まれ
        横浜国立大学工学部建築科卒業、同大学院修了
  1967年　関東学院大学工学部助手、専任講師、助教授を経て教授
  現　在　関東学院大学名誉教授
        全国マンション管理組合連合会会長
        かながわマンション管理組合ネットワーク会長

○研　究
  ◇マンション管理に関する一連の研究
  ◇特にマンションの「動的管理」（Dynamic Management）を提唱
  「長寿命化と再生」と合わせての調査研究・政策提言等

○主な著書・報告書
  ◇『公的分譲集合住宅の維持管理に関する研究』（編著、1979年、分住協）
  ◇『同-2-』（編著、1982年、分住協）
  ◇『建築物の保全耐久性向上技術の評価手法の開発』（共著、1986年、国土開発技術センター）
  ◇『マンションを100年もたせる』（共著、2002年、オーム社）
  ◇『集合住宅のリノベーション』（共著、2004年、日本建築学会）他

マンションの動的管理
――既存マンションの長寿命化と再生への指針――

2013年6月25日　第1刷発行

著　者　山　本　育　三

発行者　関東学院大学出版会

　　　　代表者　大　野　功　一

　　　　236-8501　横浜市金沢区六浦東一丁目50番1号
　　　　電話・(045)78-5906／FAX・(045)786-2932

発売所　丸善出版株式会社

　　　　101-0051　東京都千代田区神田神保町二丁目17番
　　　　電話・(03)3512-3256／FAX・(03)3512-3270

印刷／製本・藤原印刷株式会社

©2013　Ikuzo Yamamoto
ISBN 978-4-901734-53-0 C3052　　　　　　　Printed in Japan